SINÉAD GLEESON

KONSTELLATIONEN

DIE SPRACHE MEINES KÖRPERS

Aus dem Englischen von
Stephanie Singh

btb

Für Steve,
für alles

Und in Erinnerung an Terry Gleeson

INHALT

Indem man den Körper zensiert, zensiert man auch den Atem. Schreibe dich. Dein Körper muss sich Gehör verschaffen.

Hélène Cixous, *The Laugh of the Medusa*

Empirisch gesehen, sind wir aus Sternenstaub gemacht. Warum sprechen wir nicht öfter darüber?

Maggie Nelson, *The Argonauts*

Ich stand unter der Flagge der Mutterschaft und öffnete meinen Mund, auch wenn ich das Lied nicht kannte.

Liz Berry, *The Republic of Motherhood*

Vielleicht ist der Körper die einzige Frage, die eine Antwort nicht auslöschen kann.

Ocean Vuong, »Haibun des Einwanderers«,
Nachthimmel mit Austrittswunden

BLAUE HÜGEL UND KREIDEKNOCHEN

Kugelfang

Der Körper ist eine Nebensache. Wir halten nicht inne, um darüber nachzudenken, wie gleichmäßig das Herz schlägt oder wie unsere Mittelfußknochen sich bei jedem Schritt auffächern. Solange wir weder Lust noch Schmerz empfinden, verschwenden wir keinen Gedanken an diese sich bewegende Masse aus Gefäßen, Blut und Knochen. Die Lungen blähen sich auf, die Muskeln ziehen sich zusammen, und es gibt keinen Grund zu der Annahme, dass sie das nicht weiterhin tun werden. Bis sich eines Tages etwas ändert und der Körper ein Signal sendet. Der Körper – seine Gegenwärtigkeit, sein Gewicht – ist eine Entität, die wir einerseits nicht ignorieren können, andererseits aber als selbstverständlich betrachten. Meinem eigenen Körper schenkte ich erst einige Monate nach meinem dreizehnten Geburtstag besondere Aufmerksamkeit. Damals stellte sich ein konstanter Schmerz ein, der mich zunehmend langsamer werden ließ. Mein Körper sendete panische Signale, aber ich wusste nicht, was sie bedeuteten. Die Gelenkflüssigkeit in meiner linken Hüfte verdunstete wie Regen. Die Knochen rieben aufeinander und wurden buchstäblich zu Staub. Es geschah sehr schnell und wirkte wie ein umgekehrter Zaubertrick: Eben noch sah man es nicht, jetzt sah man es. Eben noch spielte ich Basketball und absolvierte Sprints, und von einem Moment auf den anderen hatte ich Knochenschmerzen und hinkte. Krankenhausaufenthalte wurden zur Routine. Vier Jahre in Folge fehlte ich nach den Sommerferien drei Monate in der Schule.

Die Ärzte taten alles, um das Rätsel zu lösen. Zuerst versuchten sie es mit Methoden der Distraktion, wie Schlingen und Federn. Dann mit Operationen, Biopsien und mit Aspiration – der Begriff suggeriert Hoffnung, führte aber nicht zum Erfolg. Meine Patentante Terry besuchte mich täglich. Sie brachte mir Abendessen und Plüschtiere aus Automaten, während meine Knochen sich weiter zersetzten.

Diagnostiziert wurde schließlich monoartikuläre Arthritis. Die Ärzte erwähnten eine Operation namens Arthrodese, vor der sie aber – selbst in den späten 1980er-Jahren – zurückschreckten. »Vor allem nicht bei Mädchen«, erklärte der sich ständig räuspernde Chirurg meinen Eltern, doch ich fand erst viel später heraus, was er meinte: dass ich mir jahrelang wünschen würde, mein Körper könne bestimmte Dinge tun, die er nicht tun konnte, und dass ich mich permanent anderen gegenüber rechtfertigen müsste.

Zahlen und Rituale

Die Genesis erzählt die Geschichte von Jakob, der mit einem Fremden ringt. Er hält ihn für einen Engel. Als der Engel Jakob nicht besiegen kann, renkt er ihm die Hüfte aus und straft ihn mit lebenslangem Hinken. Jakob reagiert verständig und betrachtet die Verletzung als Erinnerung an seine Sterblichkeit und daran, dass der Engel sein Leben verschont hat. Daran, dass der Geist stärker ist als der Körper.

Ich war ein frommes Kind, ging jede Woche zur Messe, regelmäßig zur Beichte und glaubte vor allem inbrünstig und tief an Gott, den Himmel und die Heiligen. Verstärkt wurde dies durch eine starke Indoktrination seitens der Schule. In unserer örtlichen Kirche kaufte ich bei einer Freundin meiner Großmutter Bücher mit religiösen Gedichten. Es waren Stanzen über die Natur, vorhersehbare Reime voller Pantheismus. Auf den Titelseiten waren immer Felder, Himmel und Blumen abgebildet. Das Zeug feierte die Größe Gottes – aber ich liebte diese kleinen, billig gebundenen Bücher.

In den späten 1980er-Jahren war der Katholizismus in Irland noch nicht ins Wanken geraten. Priester lehrten ihre Gemeinden noch das Fürchten, und man wusste noch nicht, dass einige von ihnen Kinder vergewaltigt hatten. Frauen kam eine besondere Form der Misshandlung zu: Verhütung war bis 1979 illegal und danach nur auf Rezept zu haben. Ungewollte Schwangerschaften waren deshalb weit verbreitet. Bis in die 1960er-Jahre hinein waren verheiratete Frauen ständig schwanger –

acht, zehn, zwölf Schwangerschaften waren nicht außergewöhnlich. Für mich hört sich das wie ein Wort an – »achtzehnzwölf« –, als seien die Zahlen nicht von Bedeutung. Als sei eine zweistellige Zahl von Schwangerschaften etwas, das stoisch ertragen werden müsste wie eine Grippe oder Kopfschmerzen. Freundinnen meiner Mutter fuhren nach England und kamen mit Koffern voller Kondome zurück, die sie wie Kriegsrationen verteilten.

Als 1970 mein älterer Bruder geboren wurde, musste meine Mutter erst ausgesegnet werden, ehe sie wieder die Messe besuchen durfte. Der Priester segnete alle Frauen, die jüngst Mütter geworden waren, und befreite sie damit von der durch die Geburt eines Kindes entstandenen Unreinheit. In den Augen der Kirchenmänner war selbst die Geburt eine Verunreinigung des weiblichen Körpers. Erst 2018 fand in Irland eine Volksabstimmung zur Abtreibung statt und führte zu einem auf bestimmte Fälle beschränkten Gesetz über den Schwangerschaftsabbruch bis zur zwölften Woche.

Schwimmbahnen

Der erste Krankenhausaufenthalt dauerte drei Wochen, gefolgt von verschiedenen Arten der Physiotherapie: ambulant und in Form täglicher Schwimmstunden. Im Winter fuhr mich meine Mutter drei Monate lang täglich zu einem Hallenbad. Bald langweilten uns die Kälte, das immer gleiche Blau, das Kraulen und Brustschwimmen über die Mosaikkacheln hinweg. Aus Tagen wurden

Wochen, ich zog meine Bahnen durch das lauwarme Wasser, es gab keine besonderen Vorkommnisse. Bis eines Abends eine Gruppe wilder Jungs im Teenageralter mit mir zusammenstieß. Ein Fuß rammte meine Hüfte. Der unerwartete Schmerz wirkte wie ein Stromausfall. Mein Körper hörte auf zu arbeiten, mein Gehirn versuchte zu verstehen, was passiert war. Ich strampelte nicht, sondern war ganz still, starrte ins Wasser und fragte mich, ob das Gelenk beschädigt war. Ich sank, bis ein Bademeister ins Becken sprang und mich herauszog.

Meine Großmutter hatte eine Zeit lang in einem anderen Schwimmbad in der Nähe gearbeitet. Ich überredete ihre ehemaligen Kollegen, mich dort außerhalb der Öffnungszeiten schwimmen zu lassen. Im Becken mit der Unterwasserbeleuchtung fühlte es sich unheimlich an, weil ich dort ganz allein war. Das Blau, die Ruhe, die Schatten des Wassers an der Decke … Ich jagte mir selbst Angst ein, indem ich mir vorstellte, was sich jenseits dieser Schatten befand. Mit jeder Woche schwamm ich schneller und wurde stärker. Mein Körper wurde zu einer Art Umkehrung – ich bekam starke Arme, während das schwache linke Bein sich nicht bewegen oder Muskeln aufbauen wollte. Es schrumpfte und ist bis heute dünner als das rechte. Mein Mangel an Symmetrie besteht fort.

1988

1988 feiert Dublin sein 1000-jähriges Bestehen mit Umzügen und Milchflaschen mit entsprechenden Motiven. Der Slogan lautet »Dublin's Great in 88«.

1988 bin ich dreizehn, und Ray Houghton trifft für Irland beim EM-Spiel gegen England. Frauen mit Kopftüchern – wie meine Großmutter – entzünden in den Kirchen Kerzen in der Hoffnung, dass wir die Sowjetunion schlagen (Gleichstand) und später die Niederlande besiegen werden (Niederlage).

1988 bringt mich meine Mutter zu einem alten roten Ziegelhaus in der Nähe der South Circular Road in Dublin. Dort lebt eine Frau, die eine Reliquie von Pater Pio besitzt – einige seiner Knochen in einem kleinen Glas. Meine Hüfte und die Knochen des katholischen Heiligen werden kurz vereint, als sie die Reliquie betend an meiner Hüfte reibt. In den folgenden Wochen geschieht zwar nichts, aber mein Glauben bleibt dennoch stark. Ich gewöhne mir an, vor dem Gottesdienst die Finger in das Weihwasserbecken zu tauchen und es in Richtung meiner Hüfte zu spritzen.

1988 veranstaltet meine Schule eine Klassenreise nach Frankreich. Einige Jahre zuvor war mein älterer Bruder mit der Schule nach Russland gefahren und hatte einen zusätzlichen Koffer voller Kaugummi und Schokoriegel mitgenommen, um Tauschgeschäfte zu machen. Nach Hause brachte er Metallanstecker, die Lenin oder den Wettlauf ins All zeigten, eine hölzerne Miniatur des Kremls und eine Uschanka-Fellmütze. Die Klassenfahrt nach Frankreich führt nach Paris und Lourdes. Die Plätze sind so begehrt (wegen Paris, nicht wegen Lourdes), dass eine Tombola stattfindet. Ich bekomme automatisch einen Platz: Meine Krücken sind in diesem Fall ein Bonus, und meine beste Freundin darf mich begleiten. Sie ist Protestantin, und in ihrer Religion wird die Jungfrau Maria nicht im gleichen Maße verehrt. Wir wissen beide nicht, ob Maria sich für mich einsetzen wird. Aller Augen sind auf mich gerichtet, weil ich die Chance auf ein Wunder bin.

1988 ist ein Schaltjahr. An jedem der 366 Tage gehe ich auf Krücken.

Hippokratische Hoffnung

Die Arthritis führte dazu, dass ich das Bein nachzog. Ich gewöhnte mich an das Hinken und das Geräusch der Krücken, entwickelte aber eine neue Art von Befangenheit. Ich vermied es, mein Spiegelbild im Schaufenster zu betrachten. Musste ich auf die andere Seite einer Tanzfläche oder eines Raums mit fröhlichen, sorglosen Menschen, drückte ich mich an den Wänden entlang und nahm den Umweg. Räume betrat ich stets von rechts, um meinen schiefen Gang zu verbergen. Wenn jemand fragte, was passiert sei, antwortete ich stets, ich sei gestürzt, weil das einfacher und weniger peinlich war als die ganze Geschichte. Und das ist der Kern des Ganzen. In jenen Jahren empfand ich vor allem überwältigende Scham. Ich schämte mich für meine Knochen, meine Narben und meinen ungelenken Gang. Ich wollte mich kleiner machen, möglichst wenig Raum einnehmen. Ich las, dass Spitzmäuse und Wiesel ihre Knochen schrumpfen lassen können, um zu überleben.

Bei einem der frühen Arztbesuche wurde meine Wirbelsäule auf Skoliose untersucht. Dazu sollte ich einen Badeanzug tragen. Ich schämte mich entsetzlich und weinte während der gesamten Untersuchung, bis der Arzt ungeduldig wurde und mir ein Handtuch um den Unterkörper legte.

»So, ist das besser?«

Natürlich war es das nicht. Ich war ein gehemmtes Mädchen, das für seine Scham auch noch erniedrigt wurde. Nur wenigen von uns bleibt das Schamgefühl der Teenagerzeit erspart, aber die komplizierten Wurzeln weiblicher Körperscham werden früh gesät. Ich wusste aus der Popkultur, dass mir die Blicke anderer eigentlich gefallen sollten, wusste aber nicht, was ich fühlen sollte, wenn ich betrachtet wurde. Im Verhältnis von Arzt und Patient lag ein gewisses Ungleichgewicht. Nie habe ich das Gefühl der Machtlosigkeit im Angesicht von Anweisungen vergessen: Leg dich hin, beug dich vor, lauf ein Stück. So empfand ich, wenn ich im OP unter dem grellen Licht lag und von zehn rückwärtszählte. Oder wenn ein Einschnitt in der Haut vorgenommen wurde. Man ist in der Hand eines anderen. Hoffentlich ist es eine ruhige, kompetente Hand – aber der Patient bestimmt nichts. Das Königreich der Kranken ist keine Demokratie. Und jeder Orthopäde, der mich in all diesen Jahren untersuchte, war männlich.

Gleichgewicht

Lourdes ist wie Medjugorje oder Knock für Katholiken ein bedeutender Wallfahrtsort. In Irland organisiert die Kirche für die Gläubigen noch heute Busreisen nach Frankreich. In den 1980er-Jahren waren Bus und Fähre die günstigste Möglichkeit. Später gab es Billigflüge für 37 Euro nach Perpignan und Carcassonne, und die Pilger saßen neben neureichen Iren, die für ein Shopping-Weekend nach »Perp« flogen. Heute hat Lourdes einen eigenen Flughafen, der den Namen Tarbes-Lourdes-Pyrénées trägt.

Meine Reise nach Lourdes 1988 war sehr aufwendig und kompliziert. Mit der Fähre ging es über die unruhigen Wasser des Kanals. Alle blieben in den Kabinen und übergaben sich, wegen des benötigten Gleichgewichts und der schieren Willenskraft, die es benötigte, ins Bad zu gelangen. Ein Bus brachte uns über Rouen zu den blühenden Gärten von Versailles. Von dort ging es weiter nach Paris mit seinen Cafés und dem ikonischen Turm. Wir machten zahllose Fotos und kauften wie verrückt Souvenirs, aber ich dachte nur an die Mariengrotte und fragte mich, was dort wohl geschehen würde. Die Fahrt Richtung Süden nach Lourdes dauerte die ganze Nacht. Vor Schmerzen konnte ich kaum schlafen. Wir fuhren an Weinbergen vorbei. Ich betrachtete die Sterne und lauschte den sorglosen Atemzügen der Schlafenden. Ich dachte an die heilenden Wasser. Wenn ich es nur fest genug glaubte, würde ich geheilt.

Os sacrum

Dem biblischen Narrativ zufolge wurde die Frau buchstäblich aus einem Knochen erschaffen. Wir sind Adams Rippe entsprungen. Wir sprechen von gebärfreudigen Hüften und dem breiten Becken, das es für eine Geburt braucht. Hinter Muskeln und Sehnen verbirgt sich die Gebärmutter, ein Kelch, ein reproduktiver Heiliger Gral, der Leben ermöglicht. Am Ende der Wirbelsäule, zwischen den Hüften, liegt das Sacrum – vom lateinischen os sacrum, dem »heiligen Knochen«. Altgriechische Tieropfer boten den Göttern bestimmte Teile des Körpers dar. Auch das Sacrum gehörte dazu und galt als unzerstörbar. Unsere Körper sind heilig, gewiss, aber sie gehören uns oftmals nicht allein. Unser Krankenhauskörper, ein Fluss aus Narben; die alltägliche Form, die wir der Welt präsentieren; das Sakrosankte, das wir nur Geliebten zeigen – wir erschaffen unsere eigenen Matroschka-Körper und versuchen einen davon zu behalten, der nur uns gehören soll. Doch welchen behalten wir – den größten oder den kleinsten?

Lapislazuli

Die Hügel in Lourdes sind schwindelerregend. Sie steigen an, fallen ab, und so geht es hinauf und hinunter wie in der Geografie eines Cartoons. Lourdes wird von den Pyrenäen flankiert und von sechs Millionen Touristen jährlich besucht. Paris ist die einzige französische Stadt mit mehr Hotels. Das Schloss Château fort de Lourdes ist ringsherum sichtbar und wurde einst von Karl dem Großen angegriffen. Berichte über die dortige Topografie waren nicht falsch – die Straßen sind eng, und der Abstieg zur Basilika ist steil. Daneben fließt der Gave de Pau, der am schnellsten fließende Fluss, den ich je gesehen habe. Er umfließt den Massabielle-Felsen, an dem

Bernadette ihre erste Vision der Jungfrau Maria hatte, und in diesem Felsen befindet sich die Grotte. Krücken und Schienen hängen von den Wänden wie überdimensionierte Weihnachtsdekoration. Die vielen Menschen hier überraschen mich. Ich hatte nicht damit gerechnet, dass Lourdes so berühmt ist.

Umgeben von Bergen und Tälern liegt Lourdes abgelegen und autark. Für einen Ort, an dem der Glauben so stark präsent ist, klingt das seltsam. In diesen heiligen Räumen werden alle metaphysischen oder nicht greifbaren Elemente der Religion real. Die Gläubigen tragen ihre Gebete in sich, sprechen sie wortlos in Gedanken vor sich hin, doch hier wird ihr Glauben – dieses flüchtige, blinde Ding – greifbar. Es gibt physische Signifikanten und Vermarktungsgegenstände – Souvenirs in jeder Form: Flaschen in der Form der Jungfrau Maria, gefüllt mit Weihwasser, Bernadette mit ihren Freundinnen aus Alabaster. Girlanden gläserner Rosenkranzperlen. Reliquien in den Farben des Meers und des Himmels, die in Eimern angeboten werden wie Makrelen. Blau gilt als Farbe der Heiligkeit, der Natur, der Wahrheit und des Himmels. Die hiesigen Geschäfte strahlen azurblau und immergrün. Ich meide die Wundermedaillen und Kruzifixe und kaufe stattdessen einen Viewmaster für meinen jüngeren Bruder. Er zeigt Ansichten der Basilika, Bernadettes und der Grotte.

»Everywhere We Go (Everywhere We Go)«

Wegen der Hügel musste ich einen Rollstuhl mitnehmen. Als meine Mutter hörte, dass es in Lourdes ständig bergauf und bergab geht, lieh sie bei der Irish Wheelchair Association einen aus. Am Tag der Abfahrt von der Schule weinte ich im Auto. Schon kam der Bus in Sicht. Ich hatte vier Tage lang dafür gekämpft, keinen Rollstuhl mitnehmen zu müssen – aufgrund der Befürchtung, dass alle mich anders betrachten würden, sobald ich mich hineinsetzte.

Sie würden mich tief bemitleiden.

Ich wäre das Krüppelmädchen.

Meine Eltern hatten die Argumente auf ihrer Seite: Komfort, Sicherheit und eben die vielen Hügel. Durch das Autofenster sah ich die aufgeregten Mitschüler, deren Eltern ihnen ein paar Extra-Francs zusteckten. Mein Vater hatte versprochen, den Rollstuhl erst in den Bus einzuladen, wenn alle – auch ich – drinnen saßen. Also wartete er und hievte ihn schließlich diskret in den Stauraum für das Gepäck. Der Bus senkte sich unter dem Gewicht. Ich werde ihn einfach nicht benutzen, nahm ich mir vor. Auf dem Weg nach Wexford zur Autofähre spürte ich das vertraute Schamgefühl, das ich schon von dem Erlebnis mit dem Badeanzug beim Arzt und den Umwegen um Tanzflächen herum kannte.

Durchdrehen

Wir erreichten Lourdes an einem Frühlingstag; die Luft war noch nicht warm. Wenn ich heute die Fotos betrachte, muss ich über die Dauerwellen und Pastellblusen mit Schulterpolstern meiner Freundinnen und meinen Jeansrock und die Söckchen, die ich selbst trug, lachen. Wir wissen nicht, was vor uns liegt oder wer wir einmal sein werden. Unsere Schüchternheit ist auf den Bildern spürbar. An der Hotelbar wurde Café au Lait in kleinen weißen Tassen für drei Francs verkauft. Wir bestellten in ungeübtem Französisch, nippten an den Tässchen und fühlten uns kultiviert. Als der Busfahrer Paddy den Rollstuhl aus dem Laderaum hob, bemerkte er, ich sähe ihm beim Sprechen nie in die Augen. Ich weigerte mich, mich in den Rollstuhl zu setzen. Weil ich die ersten drei Monate des Schuljahrs an der neuen Schule versäumt hatte, war ich eine Außenseiterin. Es hatten sich bereits enge Freundschaften entwickelt, und obwohl ich mir Mühe gab, war ich allein, eine Insel, weit entfernt von meinen Mitschülern. Jetzt standen acht oder neun Jungen und Mädchen schweigend um den Rollstuhl herum, während ich in meiner Sturheit versank. Ich habe seither oft an diesen Moment gedacht und erinnere mich jedes Mal an die Panik als rein körperliches Phänomen. Wie sich der Magen umdreht, wie die Wangen rot werden. Die Stille, das Warten auf eine Reaktion. Die Jungen nahmen den Rollstuhl und sausten vor dem Hotel die Straße rauf und runter. Sie fuhren mit nach hinten gekipptem Rollstuhl, drehten sich um die eigene Achse, und das Ganze führte zu einem Dominoeffekt: Jeder wollte einmal an die Reihe kommen. Wir täuschen uns immer wieder in anderen. Wir sind misstrauisch und unterstellen ihnen Dinge. Der Rollstuhl wurde zu einer komischen Requisite, ohne dass über mich gelacht wurde. Im Licht der französischen Sonne lachten wir, und ich liebte die anderen für ihre Güte. Sie war wichtiger als Gebete.

Das Gewicht von Wasser

Als Bernadette 1858 in Lourdes die Jungfrau Maria erschien, offenbarte sie ihr, dass sich eine Quelle unter der Stadt befindet. Das Wasser soll Heilkräfte haben und wird durch ein Tunnelsystem in die berühmten Bäder geleitet. Sie liegen in einem höhlenartigen Gebäude aus Stein. Die kräftigen Frauen, die dort arbeiten, haben schon Tausenden hoffnungsvollen Besuchern ins Wasser geholfen. Wir stellten uns in die Schlange. Als ich an die Reihe kam, betrat ich einen dunklen Raum. Eine Frau wies mich an, mich auszuziehen, und wickelte mich in ein feuchtes, weißes Tuch. Sie fragte, ob ich ohne Krücken gehen könne, und ich sagte, kurze Strecken seien möglich. Das Bad sah aus wie ein großer Steintrog und war, wie die Grotte selbst, geformt wie ein Uterus: Solche Orte – ob aus Fleisch oder Stein – verströmen Kraft. Man half mir hinab ins Wasser. Extreme, beißende Kälte durchfuhr mich. In dem kaum beleuchteten Raum ließen mich diese Frauen mit ihren starken Armen langsam nach hinten sinken. Mit all meinen Gebeten und Hoffnungen wurde ich untergetaucht. Einen Moment lang blendete die Kälte des Wassers alles andere aus. Ich wollte, dass das Wasser in meine Knochen dringen und mich erneuern würde. Nach Monaten, in denen ich mich gefragt hatte, wie es sich wohl anfühlen würde, war es nun vorbei. Meine Haut war sofort wieder trocken. Außer der lilafarbenen Marmorierung, die die Kälte auf meiner Haut hinterlassen hatte, fühlte ich mich nicht anders.

Nach Einbruch der Dunkelheit begann es in Strömen zu regnen. Jede Nacht fand eine Lichterprozession statt, an der Tausende Menschen teilnahmen. Sie trugen dünne Kerzen, mit weißem Papier umwickelt, auf dem Marienbilder in blauer Tinte prangten. Angesichts des Wetters und des Geländes riet mir ein Lehrer, die Krücken gegen den Rollstuhl zu tauschen. So hatte ich die Hände frei für eine Kerze. Flammen zischten im Regen. Die Schlange der Gläubigen wand sich um die Basilika, murmelte Gebete und ließ Rosenkränze durch die Hände gleiten. Die Stimmung war gedämpft, aber angenehm. Und inmitten der Menge geriet meine eigener Glauben ins Wanken: Zum ersten Mal seit meiner Ankunft – und nur wenige Stunden nach dem Besuch der Heiligen Bäder – glaubte ich nicht mehr an ein Wunder für mich.

De profundis

An unserem letzten Tag in Lourdes gehen wir zum Morgengottesdienst im »Heiligen Bezirk«. Hunderte Pilger sind hier versammelt, das Spektrum der Krankheiten ist beeindruckend. Die Schwerkranken sind mit Betreuer gekommen, erwachsene Kinder begleiten ihre kranken

Eltern. Ein Lehrer schiebt meinen Rollstuhl. Wir suchen nach einem Platz. Ein Ordner kommt auf uns zu und redet in schnellem Französisch auf uns ein, aber ich verstehe ihn nicht. Er schiebt den Rollstuhl nach vorne, wo die Bewegungsunfähigen und Schwerkranken sind, die sich nicht nur in Rollstühlen, sondern zum Teil auch in Betten befinden. Hier sind Menschen mit Sauerstoffflaschen und zerknautschten Körpern – Männer oder Frauen? –, die kaum aufrecht sitzen können. Der Ordner schiebt mich neben einen Mann im Rollstuhl, an dessen Kopf ein Metallrahmen befestigt ist. Er zuckt hin und wieder, bleibt aber ansonsten reglos. Speichel tropft aus seinem Mund. Ich will etwas zu ihm sagen, aber ich kann nicht. Vor mir in einem Krankenhausbett liegt ein Mann, der sechzig, aber auch neunzig Jahre alt sein könnte. Sein schmaler Körper ist fest in Decken gehüllt. Er hat knochige, filigrane Hände voller blauer Flecken, und die Venen sind geschwollen, was ich als Zeichen der erfolglosen Suche eines Phlebologen nach einer Vene erkenne. Der Mann unter den Decken wirkt wie eine Hülse, beinahe, als sei er gar nicht da.

Mit dreizehn Jahren habe ich den Tod noch nicht erlebt, aber hier kann ich ihn spüren. Er vernebelt die Luft. Ich will diese Menschen nicht ansehen und sehe dennoch hin. Ich sehe die Zersetzung von Knochen, das Verlangsamen des Herzschlags, die Begrenzung unserer Körper: Ein Wesen, dass einmal lebendig und instinktiv und von Leben durchflutet in die Welt kam. Doch mein Schrecken wird von etwas Stärkerem überlagert: Mit meinen banalen Kreideknochen fühle ich mich wie eine Hochstaplerin. Eine Frau hinter mir beginnt zu wimmern, erst leise, dann lauter, bis ihre Schreie die Liturgie übertönen. Die Messe dauert lange. Ich konzentriere mich auf das An- und Abschwellen der Antworten. Menschen weinen oder liegen still auf ihren Matratzen. Im Schatten der Grotte weiß ich, dass ich nach Hause zurückkehren und mit der Unvollkommenheit leben werde, dass meine chirurgisch veränderten Knochen mich durch die Jahre tragen werden. Unter dem wolkenverhangenen französischen Himmel bin ich dafür dankbar.

Via dolorosa

Zwei Wochen später ging ich wieder ins Krankenhaus, weil mein Becken geröntgt werden musste. Der Arzt erklärte, meine Knochen hätten sich schnell zersetzt, und ein großer Eingriff sei nötig. Am Boden zerstört versuchte ich, mich auf die bevorstehende komplizierte Operation zu konzentrieren anstatt auf die vielen Schultage, die ich deshalb verpassen würde. Die langsame Genesung. Die Langeweile. Als orthopädische Behandlung wird die Arthrodese heute nur noch an Pferden durchgeführt – ich stelle mir ausgelaugte, mit Entzündungshemmern vollgepumpte Rassepferde vor, die irgendwelchen Scheichs gehören. Bei dieser Notmaßnahme zur Schmerzverringerung werden Hüftgelenkkapsel und -knochen mit Metallplatten und Schrauben fest miteinander verbunden. Der Knochen verhärtet über zehn Wochen hinweg, die man in einem Beckengipsverband zubringt. Der Gips bedeckte zwei Drittel meines Körpers vom Brustbein bis zu den Zehenspitzen. Zwei Personen waren nötig, um mich zu drehen. Der Gips war gelblich weiß und wog so viel wie ein Anker. In den zehn Wochen, die ich eingesperrt und mit Bettpfannen verbrachte, lernte ich (heimlich), wie ich den Sarkophag aus dem Bett hieven konnte, wenn meine Eltern nicht da waren. Die Knochen wuchsen langsam zusammen, wodurch mir nur noch kleinste Bewegungen möglich waren und mein Bein kürzer wurde. Die Verbindung hielt zwanzig Jahre lang, bis zwei Schwangerschaften im Abstand von sechzehn Monaten dazu führten, dass eine Bombe in meinem Körper explodierte.

Drehung, Entführung

Nach zehn Wochen im Beckengipsverband (ich bin meine eigene Alabasterstatue) versucht ein Arzt, ihn mit einer Gipssäge zu entfernen. Das Sägeblatt trifft auf die Haut, und ich versuche, mir nicht vorzustellen, was unter dem Gips geschieht. Der Schmerz fühlt sich an wie eine Verbrennung, wie sich ausbreitende Hitze. Ich sage es dem Orthopäden – diesem Mann, dem ich nie zuvor begegnet bin –, und er tut, was ich von männlichen Ärzten gewöhnt bin: Er erklärt mir, dass ich überreagiere. Ein rotierendes Sägeblatt schneidet in mein Fleisch, aber ich soll mich beruhigen. Der Raum füllt sich mit Schreien. Ich bin eine Bauchrednerin, die Schmerzen auswirft.

Als meine Mutter zu weinen beginnt, weist er sie an, den Raum zu verlassen.

Das Sägeblatt schneidet und schneidet, in seinem eigenen Rhythmus, und der Mann treibt es voran wie ein Rennpferd. Eine Viertelstunde später flehe ich ihn an, aufzuhören, und endlich gibt er auf. Er ist sichtlich verärgert. Am nächsten Tag wird der Gips in einem Operationssaal weggeschnitten wie die Gussform eines Bildhauers. Unter dem Gips sind alte Haut und neue Narben: offene, gezackte Wunden, die sich meine Beine entlangziehen wie nicht durchbrochene Grenzlinien. Ansonsten sehen meine Gliedmaßen gebräunt aus, aber das sind nur die Wochen alten Schichten toter Haut. In der Nacht schwillt das Bein an, und eine Krankenschwester legt einen Kompressionsverband an. Jedes Mal, wenn er abgenommen wird, reißt er die Narben wieder auf, und sie bluten wieder. Über zwanzig Jahre später habe ich immer noch sechs alte Narben an meinen Oberschenkeln und Knien. Vertikale Linien, rosa und grimmig, die eine Geschichte erzählen.

Hips and Makers

Während meiner zweiten Schwangerschaft zersetzte sich mein Hüftknochen schließlich irreparabel, doch ein Chirurg versuchte, den Schmerz als »bloßen Babyblues« kleinzureden. Irgendwann überzeugte ich einen Arzt, dass die einzige Lösung angesichts der rund um die Uhr bestehenden Schmerzen in einem kompletten Hüftersatz bestand – der mir zugestanden wurde, als handele es sich um ein Privileg und nicht um eine Notwendigkeit. Wieder musste ich betteln und überzeugen, um mich der medizinischen Hilfe würdig zu erweisen. Mein Körper ist kein Fragezeichen, und Schmerz ist keine Verhandlungssache.

2010 erhielt ich eine komplette neue Hüfte. Meine Kinder waren damals noch klein. Danach konnte ich zum ersten Mal seit über zwanzig Jahren wieder die Beine übereinanderschlagen und Fahrrad fahren. Beim Sicherheitscheck am Flughafen piept die künstliche Hüfte. Inzwischen stelle ich mir all das Metall in meinem Körper als künstliche Sterne vor, die unter der Haut leuchten. Ein Sternbild aus altem und neuem Metall. Nach Jahren medizinischer Eingriffe habe ich eine zweistellige Anzahl von Narben, aber auch sie bilden eine vertraute Landschaft. Gelenke können ersetzt, Organe transplantiert und Blut kann übertragen werden, aber die Geschichte unseres Lebens bleibt stets die Geschichte eines Körpers. Ob Krankheit oder Herzschmerz, wir leben in derselben Haut, wissen um ihre Zerbrechlichkeit und ringen mit unserer Sterblichkeit. Operationen hinterlassen Narben, physische Zeichen einer gelebten Begegnung mit dem Schmerz. Ich denke an meine Kinder und hoffe, dass sie solche Momente nicht erleben. Dass der Atavismus sie verschont und es ihren Körpern besser gehen wird als meinem.

Manchmal stelle ich mir vor, ich sei in Lourdes und laufe mit meinen Keramik- und Titangelenken die Hügel hinauf und hinunter. Betrachte die Steine und die Religiosität, die große Grotte, die mir Angst einjagte, durch die Augen meines verlorenen Glaubens, meines Unglaubens.

Dabei glaube ich. Aber nicht an Götter, Grotten und Reliquien. Sondern an Wörter und Menschen und Musik. Unsere Körper tragen uns mit ihrer eigenen Heiligkeit durchs Leben.

 Reliquie und Knochen.

Kelch und Gelenkkapsel.

Grotte und Schoß.

Wenn ich abgelenkt bin, steigt aus den Tiefen meines Gedächtnisses oft ein Song von Kristin Hersh auf. Ich habe die Wörter vor- und zurückbewegt wie Ruder und meine Kinder damit in den Schlaf gesungen.

We have hips and makers
We have a good time
They keep me dancing
Finally it's all right

Und es ist in Ordnung. Wenn ich einen schmerzfreien Tag habe, die Sonne scheint oder meine neugierigen Kinder mich nach den Linien auf meiner Haut fragen. Ich erkläre, wie viel Glück ich hatte, und bin dankbar, dass es nicht schlimmer war. Ich bin die Summe aller schlaflosen Nächte und Krankenhaustage, des Wartens auf Termine und des Wunsches, sie nicht einhalten zu müssen, der zähen Langeweile und des Schamgefühls, aus denen Krankheit besteht. Ohne diese Erfahrungen wäre ich kein Mensch, der diese Scherben aufhebt und versucht, sie auf einer Buchseite wieder zusammenzusetzen. Wären mir diese komplizierten Knochen erspart geblieben, wäre ich jemand ganz anderes. Ein anderes Selbst, eine andere Landkarte.

HAARE

In den 1980er-Jahren hatte jedes sechsjährige Mädchen, das ich kannte, lange Haare in einem unauffälligen Braunton – so wie ich. Für diese Farbtöne gibt es eigene Begriffe. Meiner wird häufig als »mausbraun« bezeichnet, was ich mit Schüchternheit und in Hecken versteckten Mäusen verbinde. Ein Mädchen aus der Schule verrät mir ein großes Geheimnis: Wenn man die Haare zu einem Zopf flicht und über Nacht so lässt, sieht man am nächsten Morgen großartig aus. Von dieser Offenbarung beeindruckt flechte ich meine Locken zu festen Zöpfen und ziehe mir die Decke über den Kopf. Vor Aufregung mache ich in der ersten Nacht kein Auge zu. Auf den Zöpfen schläft es sich auch schlecht. Das ist es wert, rede ich mir ein und stelle mir schon ein ganz neues Ich vor. Ich wache früh auf und nehme den Kamm meiner Mutter. Er hat einen blau-roten Griff zum Einklappen. Eigentlich ist er für einen Afro gedacht, und ich weiß nicht, wie er in den Besitz meiner Mutter gelangte, ob er ein Geschenk war oder ein Impulskauf in der Apotheke. Für das feine dünne Haar, das meine Mutter und ich haben, ist er jedenfalls übertrieben. Ich löse die Haargummis und beginne, die Haare zu kämmen. Ich entwirre sie wie ein Wollknäuel.

Und da bin ich: Rapunzel ohne Turm und mit sechs Jahren noch unentschlossen hinsichtlich der Sache mit dem Prinzen. Eine Erinnerung taucht auf: Kate Bush in einem Video aus *Top of the Pops*, wild und mit rotbrauner Mähne. Ihre Haare waren ein so bedeutender Teil ihres Wesens und ihrer Energie. Vor dem Schminkspiegel löse ich die Zöpfe. Ich betrachte die Wellen, das Meer aus Haaren. Noch Jahre später denke ich jedes Mal an diese Zöpfe und den alten Spiegel, wenn ich David Bowies »Life on Mars« und speziell die Zeile *the girl with the mousy hair* höre. Ich denke daran, wie man die eigenen Haare wellig machen und sich mit einer einzigen Handlung in einer einzigen Nacht verändern kann.

Monate später verkünde ich meiner Mutter aus einer Laune heraus, meine Haare abschneiden zu wollen. Meine Tante ist Friseurin und schneidet – nur Frauen, nie Männern – in ihrer Küche die Haare. Sie ist immer perfekt herausgeputzt, mit Lipgloss, Kajal und kunstvollen aschblonden Strähnchen. Nach weniger als einer Stunde liegen mausbraune Haare auf ihrem Linoleumboden. Ich bereue es sofort und flehe meine Mutter jahrelang an, die Haare wieder wachsen lassen zu dürfen. Sie lehnt mit der Begründung ab, kurze Haare seien »einfacher zu handhaben«. Meine Tante bezeichnet den Schnitt als Pagenkopf, und wenn wir zum Nachschneiden kommen, blättert meine Mutter in einer Zeitschrift und sagt, der Schnitt solle »wie Prinzessin Dianas« aussehen. Ich fange an, das Gefühl meiner Haare auf meinen Schultern zu vermissen. Als sich die Familie zu einer Hochzeit in Liverpool trifft, hält ein Mann mich für einen Jungen und nennt mich Sohn. Ich weine stundenlang. Meine Patentante, die immer kurze Haare hatte, tröstet mich. Sie schenkt mir das erste Hardcover-Buch meines Lebens. Es ist in rotes Kunstleder mit goldener Prägung gebunden. Ich lese Louisa May Alcotts *Kleine Frauen*, verstehe aber nicht alles. Diese Mädchen sind einzigartig und ähneln einander doch. Angesichts ihrer engen Freundschaften möchte ich unseren Vorort im Dublin der 1980er-Jahre gegen das 19. Jahrhundert eintauschen. Und Jo – bestimmt die beliebteste Figur in *Kleine Frauen* – tut etwas, das meine Bewunderung für sie noch größer werden lässt: »Während sie sprach, nahm Jo ihre Haube ab, woraufhin ein allgemeiner Aufschrei entstand, denn all ihre üppigen Haare waren abgeschnitten. ›Dein Haar! Dein schönes Haar!‹ ›Oh Jo, wie konntest du nur?‹«

Ihr geschorener Kopf löst Entsetzen aus. Jo selbst nimmt »eine gleichgültige Haltung an«, obwohl auch sie ihr Haarverlust erschreckt. Oh Jo! Wir sind kurzhaarige Seelenverwandte!, denke ich. Die ersten Bücher, die wir lesen, verändern uns für immer. Die Figuren fühlen sich mehr an wie echte Menschen, die einfach nur in einer anderen Zeit und an einem anderen Ort leben. Als einziges Mädchen in meiner Familie beneidete ich Jo und ihre Schwestern. Ihre Nähe und Verbindung zueinander ähnelte meiner Freundschaft zu meinen Brüdern, aber über Haare sprach ich mit ihnen nicht.

Jo schneidet sich ihre »einzige Schönheit« ab, weil sie ihrer Familie helfen will, an Geld zu kommen. Ihr Opfer ähnelt der Geschichte in O. Henrys *Das Geschenk der Weisen*, in der Haare gleichfalls eine zentrale Rolle spielen. Die Protagonistin Della hat die vielleicht außergewöhnlichsten Haare der Literaturgeschichte: »Dellas

Haar floss in einem schimmernden braunen Wasserfall an ihr herab bis über die Knie und hüllte sie ein wie ein Gewand.«

Dellas Motivation ähnelt der von Jo. Es ist Heiligabend, und schon in der ersten Zeile erfahren wir, wie wenig Geld sie hat – einen Dollar und achtundsiebzig Cent. Sie will ihrem Ehemann unbedingt eine Platinkette für seine geliebte Uhr schenken und verkauft ihr knielanges Haar für zwanzig Dollar an einen Perückenmacher. Während sie darauf wartet, dass Jim von der Arbeit heimkehrt, denkt sie: »Lieber Gott, bitte lass ihn mich immer noch hübsch finden.«

Als Jim nach Hause kommt, schockiert ihn ihre Tat und ihr verändertes Aussehen. Die Tragik der Situation wird noch gesteigert, als Jim berichtete, dass er seine geliebte Uhr verkauft hat, um teure (jetzt nutzlose) Schildpattkämme für Dellas Haare zu erwerben. Das gegenseitige Opfer geliebter Dinge verstärkt letztlich die Liebe des Paars, aber zuvor befürchtet Della, ihre kurzen, nicht mehr weiblichen Haare könnten dazu führen, dass Jim sie weniger begehrt: »Magst du mich nicht trotzdem genauso gern? Ich bin auch ohne Haar immer noch dieselbe, oder?«

Dellas Selbstdefinition funktioniert über ihr körperliches Erscheinungsbild, vor allem durch die von ihrem Ehemann so bewunderten Haare. Ihre Identität ist an ihr Aussehen gebunden und ist nichts Selbstständiges. Die Geschichte erschien 1905, als viele Frauen zu Hause blieben und nicht arbeiteten. Della ist finanziell von Jim abhängig. An dem Tag, an dem sie ihre Haare verkauft, erwartet sie seine Rückkehr von der Arbeit. Sie ist wirtschaftlich machtlos und benutzt ihr einziges Gut. Das Abschneiden der Haare kann entweder als Kastration oder als Selbstermächtigung interpretiert werden. Ich hatte nicht so schöne Haare wie Della, aber das Abschneiden im Alter von sieben Jahren fühlte sich anfangs aufregend an – bis ich mir wünschte, wieder lange Haare zu haben. Ich war eher ein jungenhafter Typ, fühlte mich aber nie, als sei ich kein Mädchen. Weiblichkeit war ein abstrakter Begriff, den ich nicht kannte.

✶

Haare sind tot.

Jede Locke, jede gefärbte oder gestylte Strähne ruht in Frieden. Früher glaubte ich an den Mythos, die Haare wüchsen nach dem Tod weiter, aber das einzig Lebendige an einem Haar ist der Follikel unter der Kopfhaut. Es kommt mir wie erfunden – oder einfach grandios passend – vor, dass die Kopf-, Scham- und Achselhaare als »Terminalhaare« bezeichnet werden. Das Protein Keratin, die Grundsubstanz der Haare, ist identisch mit dem Keratin in Tierhufen, Reptilienkrallen, Stachelschweinstacheln und den Schnäbeln und Federn von Vögeln. Von der Flügelspitze bis zum Spliss, von der Fessel bis zum Stirnhaar sind wir Säugetiere eine Menagerie aus Polypeptidketten, von denen jede alles enthält, was sich je in unserem Blutkreislauf befand. Enthalten Locken, Rückenmark und Nagelhaut auch verborgene Erinnerungen?

Nicht tot, aber »terminal«. Protein und proteisch. Wie beim Blut ist es auch bei Haaren schwierig, männlich und weiblich zu unterscheiden, aber historisch betrachtet wurden Frauen nach ihren Frisuren beurteilt. In Filmen wurden sie auf Blondinen, Rothaarige oder Brünette reduziert. Diese Praxis zeugt von einer privilegierten Position und grenzt Farbige sowie andere Ethnien aus. Haare dienten dazu, Frauen in Bezug auf Rasse, Sexualität und Religion zu definieren. Sie machen Frauen zu Verführerinnen, indem sie eine Troika aus Weiblichkeit, Fruchtbarkeit und Attraktivität repräsentieren. Dieser Konflikt ist auch Botticellis *Die Geburt der Venus* inhärent. Sie erscheint im Moment ihrer Geburt neu und unbefleckt wie ein Baby, wird aber als voll entwickelte, sinnliche Frau dargestellt. Ihre Nacktheit muss sie natürlich verbergen – und was wäre dazu besser geeignet als ihr wallendes Haar. Frauen auf präraffaelitischen Gemälden tragen ihre vollen Haare offen, wie etwa Dante Gabriel Rossettis *Lady Lilith*. In der jüdischen Tradition ist Lilith die erste Frau Adams, und ihr Name wurde lange mit weiblichen Dämonen assoziiert (eine Übersetzung ihres Namens lautet »Nachthexe«). Sie wurde zur gleichen Zeit erschaffen wie Adam – und zwar nicht wie Eva aus dessen Rippe. Die Beziehung ging kaputt, weil Lilith sich Adam nicht beugen wollte und sich nicht als ihm untergeordnet, sondern als gleichwertig empfand. In Rossettis Bild steht sie emblematisch für die Verführerin und ist damit beschäftigt, ihr voluminöses Haar zu kämmen. Ein Gemälde von John Everett Millais zeigt Shakespeares Ophelia, die im Fluss ertrinkt. Ihre Haare fungieren dabei als Leichentuch. Wenn offene, ungebändigte Haare die moralische Zügellosigkeit von Frauen suggerieren, dann bedeuten hochgesteckte und zurückgebundene Haare das Gegenteil: respektabel, prüde und gehorsam. Haare als Signifikant und Symbol stehen für die gesellschaftliche Position, den Familienstand und die sexuelle Verfügbarkeit.

✶

In dem Song »Hair« von PJ Harveys Album *Dry* (1992) verleiht die Sängerin der biblischen Delila eine Stimme. Dazu gehört eine der wohl berüchtigtsten Geschichten über Haare: Delila ist als Betrügerin und gefallene Frau in die Geschichte eingegangen, weil sie den Philistern die Quelle von Samsons Stärke verrät. In Harveys Lied – sowie in ihrer offensichtlichen Liebe zu Samson – bewundert Delila seine Haare, die »wie die Sonne glänzen«. Sie erkennt deren doppelte Kraft: Den Haaren wohnt eine tatsächliche Stärke inne, aber sie sind auch etwas Greifbares, Begehrenswertes. Harvey singt: »My Man/My Man«, als Delila erkennt, was ihr Betrug bedeutet – nämlich, dass sie weder Samson noch dessen Haare haben kann. Ohne seine Haare ist Samson geschwächt und besiegt, doch mit dem Verlust der Haare ergeben sich neue Möglichkeiten. Als Teenager habe ich gelernt, dass ihr Fehlen Macht bedeutet.

Wogan's Barbers war ein altes Herrenfriseurgeschäft mit Holzdielen, das es in Dublin schon lange nicht mehr gibt. An einem Samstagnachmittag hatte ich eine Entscheidung getroffen und mich in den Bus Richtung Stadtmitte gesetzt. Ich war sechzehn Jahre alt. In dem dunklen Raum – einer anderen Art von Wartezimmer – stand ich eine Stunde lang mit alten Männern Schlange. Als ich an der Reihe war, setzte ich mich auf den Lederstuhl. Der ältliche Friseur legte mir einen Umhang um. Als er mein Anliegen hörte, schüttelte er den Kopf.

»Das machen wir bei Mädchen nicht.«

Mit rotem Kopf und unter den Blicken der neugierigen Kunden humpelte ich aus der Tür und zu einem anderen Herrenfriseur.

»Bist du sicher, Schätzchen?«

»Ja.«

»Noch hast du die Chance …«

»Legen Sie los.«

Aus dem Radio dröhnten Hits der 1980er-Jahre. Die Haarschneidemaschine glitt durch meinen gefärbten Ansatz. Er begann in der Mitte und arbeitete sich vor. Erst sah es aus wie der Chonmage der Samurai, aber binnen fünf Minuten war alles weg. Ich sah aus wie Maria Falconetti in *Die Passion der Jungfrau von Orléans.* (Wie muss es wohl für eine Schauspielerin in den 1920er-Jahren gewesen sein, sich für eine Rolle den Kopf zu rasieren?) Geschoren. Im Bus nach Hause trug ich wegen der Februarkälte eine Mütze. Das Wort rollte wie eine Murmel in meinem Kopf herum. Geschoren. In der Schule herrschte Empörung. Es wurde geredet. Die Angst vor Nachahmern ging um. Ich wurde zu meinem Gesundheitszustand befragt. Man machte Witze über Sinéad O'Connor, die in jener Woche bei einer Preisverleihung im Fernsehen gewesen war. In den folgenden Monaten wurde ich oft mit ihr verwechselt. Ein Mann beharrte darauf, mich im Filthy McNasty's Pub in London beim Trinken mit Shane MacGowan gesehen zu haben. Immer, wenn ich meinen Kopf rasierte oder der erste Flaum nachgewachsen war, erhielt ich vor allem von Männern Reaktionen. Meist waren sie entsetzt oder erstaunt. Manche fanden es attraktiv, aber ich musste mich immer rechtfertigen. Erklären, was ich getan hatte. Und warum.

»Was hast du dir nur angetan?«

»Bist du lesbisch?«

»Warum machst du dich unattraktiv?«

»Was hat deine Mutter gesagt?«

(Anmerkung: nie »Vater«.)

In ihrem Buch *Girls Will Be Girls: Dressing Up, Playing Parts and Daring to Act* Differently erzählt Emer O'Toole, wie sie sich als junges Mädchen die Haare abrasierte. O'Toole schildert, mit welchen Unterstellungen sie sich konfrontiert sah – von ihrer Sexualität und ihrer Verfügbarkeit über ihre Persönlichkeit bis hin zu ihrem Auftreten. Die Haarlosigkeit brachte eigene Stereotypen mit sich, von denen viele geschlechtlich konnotiert waren.

> Meine erste Kopfrasur war kein feministischer Akt, weckte aber ein für alle Mal mein feministisches Bewusstsein. Denn ich erkannte: Wenn die Menschen mich aufgrund meiner abrasierten Haare für aggressiv hielten, hatten sie umgekehrt auch angenommen, ich müsse wegen meiner langen Haare passiv sein [...] Wenn meine kurzen Haare mich in den Augen der Menschen zur Homosexuellen machten, ließen meine langen Haare mich umgekehrt als Heterosexuelle erscheinen. Lange Haare, kurze Haare, konformistisch, nonkonformistisch, weiblich, männlich: Ich wurde die ganze Zeit nach Gender-Stereotypen beurteilt. Plötzlich hatte ich einen ganz neuen Blick.

D-Day, Frankreich, 1944. In den Straßen wird die Befreiung gefeiert. Ein Lastwagen hält, und eine laut rufende Menge versammelt sich. Ängstlich und sorgenvoll dreinblickende Frauen werden vom Lastwagen auf die Straße verfrachtet. Viele von ihnen – junge Mütter, die Essen für ihre Familie brauchen, ein junges Mädchen, eine Prostituierte – sind der »horizontalen Kollaboration« angeklagt, also sexueller Kontakte mit dem Feind, und haben zum Teil Kinder von deutschen Soldaten. Sie werden durch die Straßen geführt und müssen sich in einer Reihe aufstellen. Ein Mann hält mit entschlossenem Blick einen Rasierer hoch. Einer Frau nach der anderen wird in aller Öffentlichkeit der Kopf geschoren. Die Strafe ist ein Versuch, sie zu entweiblichen und für ihre Kollaboration büßen zu lassen, mehr noch aber für das Einsetzen ihrer Sexualität. Diese Frauen waren als »les tondues« bekannt, die Geschorenen. Sie wurden gedemütigt und sexuell gebrandmarkt – nicht nur in Frankreich, sondern auch in Deutschland und zuvor in Irland während des Unabhängigkeitskriegs. Diese misogynen Anwendungen einer angeblich gerechten Strafe wurden von Menschenmassen bejubelt.

*

Meine erste Kopfrasur hatte ich im Alter von sechzehn Jahren, aber seitdem habe ich es noch häufig getan. Einmal – ganz klassisch – nachdem eine Beziehung zu Ende ging, dann während der Abschlussprüfungen am College und noch einmal, um eine höllisch brennende blondierte Kurzhaarfrisur loszuwerden. Das letzte Mal war 2003.

Über diesen Haarschnitt hatte ich weder in puncto Motivation noch Methode irgendeine Kontrolle. Das einzige Mal entfernte ich die Haare selbst, und zwar aus rein praktischen, nicht ästhetischen Gründen. Die Chemotherapie war nur ein Aspekt der Behandlung, die am Tag nach der Diagnose mit starken Dosen eines Medikaments namens Idarubicin begann. Ich verstand »Ida Rubisson« und stellte mir eine strenge, doch freundliche jüdische Matriarchin vor (trug sie einen Sheitel?). Nicht jede Chemotherapie führt zu Haarausfall (aber Idarubicin, Gott schütze sie, führt dazu). Das Haar fällt nicht sofort gänzlich aus. Es gibt nicht den Moment, in dem es KAWUMM! macht und die Haare weg sind. Vielmehr findet man sie auf dem Kopfkissen. Man bürstet sich, und ganze Büschel bleiben hängen. Man sieht zu, wie die Haare förmlich von der Kopfhaut rutschen, und kann nichts dagegen tun. Die Entscheidung, mich aller Haare zu entledigen, hatte letztlich mit meinen Augen zu tun: Der konstante Haarverlust reizte meine Augen, und meine Sehkraft war schon durch die Medikamente beeinträchtigt. Die Hälfte meiner Wimpern fiel aus. Meine Augenbrauen wurden dünner, waren aber noch vorhanden. Die freundliche italienische Krankenschwester, die eigens gerufen wurde, um sich um meine schwierigen Rollvenen zu kümmern, lachte nervös: »Sind Sie sicher?«, fragte sie mit dem vom Krankenhaus zur Verfügung gestellten Haarschneidegerät in der Hand. In diesem Moment fühlte ich mich in den Laden des Herrenfriseurs zurückversetzt, den ich zwölf Jahre zuvor aufgesucht hatte. Bist du sicher?

Auch dieser Tag war kalt, es war Februar, aber diesmal brauchte ich keine Mütze. Im Krankenhaus war es übertrieben warm. Der Geruch von zu lange gekochtem Essen und Handseife lag in der Luft. Ich stand vor dem Spiegel, der Hickman-Katheter drückte gegen meinen Schlafanzug, und ich begann, mir den Kopf zu scheren. Gita sah mit offenem Mund zu, war schockiert und versuchte mir gleichzeitig Mut zu machen. Ich merkte, dass sie das auch immer tat, wenn sie etwas Blut aus meinen ruinierten Venen zu locken versuchte. Binnen drei Minuten waren die teuren T-Bar-Highlights verschwunden. Ich klopfte mir die Haare von den Schultern und schob meinen Tropf zurück in mein Quarantänezimmer mit den beiden Luftschleusen. Die meisten Menschen, die Leukämie bekommen, brauchen eine Knochenmarkstransplantation. Ich brauchte keine, weil mein Körper schnell auf die Behandlung ansprach. Ich entdeckte, dass Haare, nach dem Knochenmark, das am schnellsten wachsende Gewebe des Körpers sind.

✶

In der Küche meiner Tante in den 1980er-Jahren, bei einem Herrenfriseur in den 1990er-Jahren und in einer auf Leukämie spezialisierten Abteilung im Krankenhaus in den 00er-Jahren habe ich die Überreste meiner Haare betrachtet. Strähnen, die sich wie Fragezeichen auf dem Boden kringelten.

An diese Augenblicke erinnere ich mich, wenn ich F. Scott Fitzgeralds *Bernice schneidet ihr Haar* ab lese. Die Kurzgeschichte erschien erstmals 1920 und erzählt von einem schüchternen, unmodischen Mädchen aus Wisconsin, das zu ihrer schönen Cousine Marjorie zieht. Marjorie interessiert sich bald nicht mehr für die langweilige, im gesellschaftlichen Umgang nicht geübte Bernice. Sie streiten sich (zufällig auch wegen eines Zitats aus *Little Women*), einigen sich aber darauf, dass Marjorie Bernice beibringen wird, wie man begehrt und beliebt ist. Bernice lernt schnell und merkt, dass Charme und Frechheit Aufmerksamkeit bringen. Ihr neu entdeckter Witz drückt sich in ein paar eingeübten Sprüchen aus, darunter die kokette Idee, ihr Haar zum Bob zu kürzen mit der Begründung, dass sie »ein richtiger Vamp werden möchte« und dass kurze Haare »unmoralisch« seien.

Warren, ein langjähriger unglücklicher Verehrer Marjories, beginnt, Interesse an Bernice zu zeigen. Marjorie merkt, dass sie mit ihrem ambivalenten Verhalten ein flirtendes Monster erschaffen hat, und versucht, ihre Cousine zu sabotieren, indem sie ihr vorwirft zu bluffen. So ist Bernice gezwungen, ihre geliebten langen Haare beim Friseur vor einer geschockten Menge abzuschneiden.

> Bernice sah und hörte von alledem nichts. Sie nahm nur noch wahr, wie der Mann im weißen Kittel erst einen Schildpattkamm herauszog, und dann den nächsten; wie seine Finger ungeschickt an den ungewohnten Haarklammern herumfummelten; dass ihr Haar, ihr wunderbares Haar, sterben würde. Nie wieder würde sie das lustvolle Ziehen spüren, wenn seine dunkelbraune Herrlichkeit ihr über den Rücken herabfiel.

Wie Della in *Das Geschenk der Weisen* kann Bernice ihre Schildpattkämme nicht mehr benutzen. In einer Verfilmung von 1976 mit Shelley Duvall in der Hauptrolle sind Bernices Haare nicht braun, sondern erdbeerblond, kompliziert frisiert und mit einer rosa Satinschleife geschmückt. Während der entscheidenden Szene beim Friseur weiß Bernice, dass es kein Zurück mehr gibt. Sie setzt sich hin (und wieder sitze ich im dunklen Ledersessel in Wogan's Barbers), und der Friseur sagt: »Ich habe nie zuvor einer Frau die Haare geschnitten.«

Als er zu schneiden beginnt, fängt die Kamera die Gesichter von Marjorie, Warren und deren gleichfalls versammelten »Freunden« ein. Sie erlaubt uns nicht, den Horror des Haareschneidens zu betrachten, aber die Gesichter der Zuschauer verraten uns alles.

Bernice verändert sich nicht nur hinsichtlich ihres Aussehens. Marjories »Unterricht« im Flirten hatte ihr Mut gegeben. Ehe sie nach Wisconsin zurückkehrt, übt Bernice eine nahezu biblische, an Delila erinnernde Rache, indem sie der schlafenden Marjorie die Zöpfe abschneidet.

✶

Alte Fotos zeigen, wie die Mode sich verändert hat und welche guten und schlechten Entscheidungen ich hinsichtlich meiner Haare getroffen habe. Eine unverzeihliche »Welle« für meine Firmung in den 1980er-Jahren, die experimentellen Rosa-, Blau- und Blondtöne der Teenagerzeit. Frisuren, Längen und Farben wie in Bernstein eingeschlossen. Seit der frühen Kindheit hatte ich nicht mehr richtig lange Haare. Als Kind machte ich »Frisuren« aus geflochtener Wolle und Halstüchern. Ich sehnte mich nach den hüftlangen Locken anderer Mädchen und sah neidisch zu, wenn sie ihre Haare zurückwarfen. Ich hatte eine wirkliche So-teuer-dass-sie-echt-aussieht-Perücke. Sie war dunkel und glatt und bestand aus makellosen Strähnen. Sie müsste eigentlich unvergesslich sein, zum Greifen nah, und doch habe ich nur eine vage Erinnerung daran.

Während einer Chemotherapie »verliert« der Patient seine Haare. Das ist ein überstrapazierter Euphemismus, weil niemand seine Haare wie Schlüssel oder Brillen verlegt. Sie fallen aus, und viele Krankenversicherungen übernehmen die Kosten für eine Perücke. Eine freundliche Stimme besprach meinen Antrag am Telefon mit mir und erklärte, eine Qualitätsperücke gelte als »Prothese – wie ein Bein«. Ich dachte an Frida Kahlos kunstvollen roten Stiefel und an die Amputierten des Ersten Weltkriegs mit Phantomgliedmaßen, die glaubten, ihre fehlenden Extremitäten aus Knochen und Fleisch seien noch da. Nach meiner Krankheit hatte ich nie das Gefühl, mir fehlten Haare. Ich stellte mir nicht vor, dass es sich an einem Tag noch auf meinem Kopf getürmt hatte und am nächsten fort war. Der Kundendienstmitarbeiter der Krankenkasse nannte mir den Namen eines entsprechend spezialisierten Friseurs. Während des Beratungsgesprächs sprach er ganz sanft mit mir. Er hatte sonst mit Frauen zu tun, die durch den Verlust ihrer Haare weit stärker traumatisiert waren als ich. Die meisten Menschen entscheiden sich für ein Imitat ihrer verlorenen Haare – eine Art Sheitel für Krebspatienten. Das wollte ich nicht. Ich wollte das Gegenteil, etwas, das mich von der Person unterschied, die ich vor der Erkrankung war. Ich wählte also eine dunkle Langhaarperücke, und der Friseur schnitt und stutzte sie so liebevoll, als wäre sie echt.

Ungeachtet seiner Mühen erinnere ich mich, dass ich die Perücke nur ein Mal trug. Wochenlang lag sie eingewickelt in Seidenpapier in einem Karton. Als ich meiner besten Freundin erzählte, dass ich über dieses Thema schreibe und mich die Wörter auf diesen Seiten in der Zeit zurück zu Büchern, Friseuren, Kunst und Krankenhäusern transportieren, erzählte sie mir eine Geschichte über ebendiese Perücke. Sie berichtete von einem Abend einige Wochen nach meiner Entlassung aus dem Krankenhaus. An jenem Freitagabend trafen wir uns in einer Gruppe in einer dunklen Kellerkneipe. Damals war das Rauchen in Bars noch erlaubt, und es war entsprechend vernebelt. Jemand hatte, so glaubt meine Freundin, Geburtstag, oder es spielte die Band eines Freundes, so glaube ich. Als sie hereinkam, sah sie mich mit dieser teuren, fremdartigen Perücke, die sie als »lang, dunkel und nach Vamp aussehend« beschreibt.

»Du sahst wie ein schmächtiges Vögelchen aus, das Hof hielt. Jeder, der mit dir sprach, wünschte dir gute Besserung, und du hast dich eher für sie interessiert. Ich kann immer noch ganz deutlich fühlen, wie es war, dich mit diesen falschen Haaren anzusehen, und wie mir die Tränen kamen. Ich musste gehen, um nicht vor dir zu weinen.«

Ich erinnere mich nicht an jenen Abend. Oder an andere Abende mit der Perücke, an lange Haare, die mir zum ersten Mal seit meiner Kindheit auf den Rücken fielen. Ich weiß, dass unser Gehirn Traumata während Krankheiten oder Trauerphasen selektiv archiviert, aber warum wurde die Perücke zensiert? In der Geschichte meiner Freundin kenne ich die Bar und die Freunde gut, doch in meiner eigenen Erinnerung fehle ich dort gänzlich. Nach der Krankheit redete ich in Gesellschaft immer viel und füllte alle Unterhaltungen mit Fragen und Monologen, damit ich nicht über meinen Zustand oder die Prognosen der Ärzte sprechen musste. Bald nach diesem Abend ging die Perücke verloren. Die siebenhundert Euro teuren, glatten Pseudohaare verschwanden, und ich weiß nicht, wo sie sind. Der Verlust macht die Perücke so zu einer Art Zeichen, einem Symbol in einem Märchen, etwas, das in mein Leben trat, als ich es brauchte, und sofort wieder verschwand, nachdem es sein Werk verrichtet hatte. Vielleicht liegt die einmal getragene Perücke auch sorgsam verpackt irgendwo herum.

*

Das Mädchen mit den mausbraunen langen Haaren gibt es schon lange nicht mehr. Aber in meinem Leben gibt es wieder ein solches Mädchen. An den meisten Tagen stelle ich mich einer der schwersten Aufgaben der Menschheit und versuche, vor der Schule die Haare eines widerwilligen kleinen Mädchens zu bürsten. Um diese Schlacht zu gewinnen, muss ich mir eine Strategie zurechtlegen. Eine Ablenkung. Ich verwende keine Ninja-Methoden, Bestechung oder Kampfansagen (und wieder denke ich an den Chonmage der Samurai).

Ich verwende Worte. Und Musik.

Meine Tochter singt gern und bittet mich ständig, ihr neue Lieder beizubringen. Ich durchforste mein Gehirn panisch nach Refrains oder Versen, nach Teilen von Melodien. Ich finde Balladen, Popsongs und Lieder *as Gaeilge* (auf Irisch). Beatles-Songs und Soundtracks von Filmen, die wir zusammen gesehen haben. Ich bürste, kämpfe und beginne jeden Knoten mit einer neuen Note. Ich fasse in ihr duftendes Haar, das die gleiche Farbe hat wie meines in ihrem Alter, weigere mich aber, es als »mausbraun« zu bezeichnen.

Mein Haar. Ihr Haar. Ich. Sie. Wir.

Ich summe ein Lied. Wir wechseln von Bluegrass zu Taylor Swift, und ich ziehe den Kamm durch ihre weichen Strähnen. Ich erzähle ihr, wie ich abends mit Zöpfen zu Bett ging, und von dem Meer aus Haaren am Morgen, den welligen Haaren wie von den Gezeiten geformter Sand.

60 000 MEILEN BLUT

A+

Es war Januar: Morgendunkelheit, schneeüberzogene Hügel, Eisatem.

Es war Januar: Die Jugend des Jahres war angehäuft; eine Schneewehe.

Es war Januar: Vor genau sechs Monaten haben wir geheiratet.

Es war Januar: Unser Leben änderte sich für immer.

✶

1891 veröffentlichte Karl Landsteiner einen Artikel über den Einfluss der Ernährung auf das Blut. Der in Wien geborene Wissenschaftler interessierte sich für Antikörper und ist hauptsächlich für die Entdeckung des Polio-Virus bekannt. Er erforschte die These, dass Bluttransfusionen durch Agglutination (das Zusammenkleben der roten Blutkörperchen) tödlich sein könnten. 1900 entdeckte er auch einen Zusammenhang zwischen der Zerstörung roter Blutkörperchen und dem Immunsystem, was zu einer der wichtigsten medizinischen Entdeckungen des 20. Jahrhunderts führte: Blutgruppen. Ursprünglich identifizierte er sie als A, B und C (die wir heute als »0« bezeichnen). Die Buchstaben bezeichnen die An- oder Abwesenheit von Antigenen (einer körperfremden Substanz, die die Produktion von Antikörpern anregen kann). Zwei Jahre nach Landsteiners Entdeckungen identifizierten zwei seiner Wiener Kollegen die seltenere Blutgruppe AB, und 1907 isolierte der tschechische Wissenschaftler Jan Janský alle Blutgruppen und bezeichnete sie mit römischen Ziffern. Ohne diese Kategorien wäre die Todesrate durch Transfusionen höher und die bis dahin unumstrittene Vorstellung, alles menschliche Blut sei gleich, hätte weiter Bestand gehabt.

Die meisten Menschen verbringen ihr Leben, ohne je ihre Blutgruppe zu erfahren. Wenn sie nicht operiert werden müssen oder ein Baby bekommen, finden sie es nie heraus. Meine Blutgruppe ist A+, und ich erfuhr sie erst, als die Ärzte mir in meinen Zwanzigern sagten, dass mit meinem Blut etwas nicht stimme. Jahre später hörte ich auf den Fluren von Kinderkrankenhäusern die Schritte eines Mannes und bekam Angst. Der Phlebologe, der den Patienten Blut abnimmt, war unglaublich groß und hatte wirres Haar. Laut meiner Mutter sah er aus wie Frankenstein. Wie viele Ärzte, die mir damals begegneten, sagte auch er fast kein Wort, aber immerhin spuckte er auf meine Nachfrage die Information A+ aus.

Es fällt nicht schwer, dieser Substanz mit Neugier zu begegnen, weil sie für uns unabdingbar ist und sich doch leise und unauffällig durch den Körper bewegt. Ich frage Leute so beiläufig nach ihren Blutgruppen, wie andere sich nach Lieblingsbüchern oder Musik erkundigen. Einige Jahre nach meiner Genesung war ich eingeladen, bei einem Abendessen zu Ehren von tausend geladenen Blutspendern auf einer Veranstaltung eine Rede zu halten. Beeindruckt von ihrer kollektiven Hilfsbereitschaft erzählte ich meine Geschichte, und dass ich ohne sie heute nicht mehr am Leben wäre. Menschen, die eine bestimmte Zahl von Blutspenden abgegeben hatten, erhielten Medaillen. Was motiviert einen Menschen, seine Zeit – und sein Blut – für jemanden hinzugeben, dem er oder sie nie begegnen wird?

Unter all unseren Körperflüssigkeiten erscheint mir Blut als die faszinierendste und komplexeste. In der Kunst, Sexualität, Spiritualität und Ahnenforschung hat Blut bestimmte Konnotationen. Die Geschichte ist voller Erzählungen über Blut, Opfer, Krieg, Medizin und Mythen. Herodot schrieb im fünften Jahrhundert vor Christus, dass die Skythen das Blut ihrer getöteten Feinde tranken und dafür die Schädel als Krüge benutzten. Im alten Rom glaubte man, dass ein Trunk vom Blut eines toten Gladiators Epilepsie heilen könne. Blut ist – flüssig und unaufhaltsam – in unsere Sprache und Etymologie eingedrungen: kaltblütige Mörder, heißblütige Liebhaber, Blutmagie und Blutdiamanten, Blutmond, Blutregen und Blutdurst. Immer wieder wird uns gesagt, Blut sei dicker als Wasser. Es fließt im ständigen Kreislauf durch Venen und Arterien und folgt bezüglich der Richtung seinen eigenen Regeln. Jeden Tag pumpt unser Herz 7500 Liter Blut durch unseren Körper. Blut macht sieben Prozent unseres Körpergewichts aus und befindet sich überall, von der Fingerspitze über die Kopfhaut bis in jede Hautfalte hinein. Brustkrebs, ein Knochenbruch oder Leberzirrhose treten lokal auf, aber eine Erkrankung des Bluts betrifft den ganzen Körper. Blut hat keine Wurzeln, es ist ein immerwährender Migrant und damit seine eigene Diaspora. Es gibt keinen Teil des Körpers, den es nicht erreicht. Eine auf Rollvenen spezialisierte Krankenschwester hatte mir stets »peripheres Blut« abgenommen, also Blut etwa aus dem Arm statt aus einer zentralen Vene. Der Begriff peripher ließ mich an die Ränder meines Körpers und an meine Haut als Grenzwall denken.

Blut ist am besten zu erkennen, wenn es an einem bestimmten Ort zusammenfließt, etwa im Fall einer Schnittwunde, des Errötens oder einer Erektion. Das Herz schickt es an die Orte des Traumas, der Panik und der Erregung. Die Schwellung ist Begleiterscheinung der sexuellen Erregung beider Geschlechter, wird aber nur auf das männliche Genital bezogen. Blut ist mehr als bloß eine rote Flüssigkeit, mehr als sauerstoffreicher Treibstoff. Es ist eine komplexe Zusammensetzung aus Blutplättchen, roten und weißen Blutkörperchen Plasma und Serum. In Flüssen und Nebenflüssen durchströmt es uns, Deltas erstrecken sich über Organe, unter Bändern und um Knochen herum. Aber Blut entspringt nicht den Bergen und fließt nicht ins Meer. Es kreist unablässig in uns, selbst im Schlaf, bei Gelähmten und Komatösen.

Die Blutspende ist in Irland eine seltene und unkomplizierte Form einer selbstlosen guten Tat. Man nimmt sich Zeit, ins Krankenhaus zu gehen, und unterzieht sich dem rituellen Akt der Blutabnahme. Der Irish Blood Transfusion Service bezeichnet Blut, Blutplättchen und Plasma zusammenfassend als »Blutprodukte« – ein eigenartig konsumorientierter Begriff für eine Spende, die den Regeln der Transaktion gerade nicht unterliegt. Der Spender hat keinen finanziellen Vorteil und erhält keine Dankeskarte. Die Anonymität ist ein essenzieller Teil der Beziehung zwischen Spender und Empfänger. Dennoch macht mich das Blut, das mir gespendet wurde, neugierig. Nach den Operationen, der Geburt und während der Chemotherapie habe ich insgesamt um die 150 Einheiten erhalten. Eine Einheit ist ein Beutel mit 470 Millilitern. Meinem Körper wurden also fast 70 500 Milliliter Blut von anderen Menschen zugeführt. Ein Heer von Altruisten, die nie erfahren werden, wer ihr Blut bekommen hat und dass ein Teil von ihnen nun Teil von mir ist.

Lange bevor es Bluttransfusionen gab, praktizierten Ärzte eine andere Form der intravenösen Behandlung – nämlich nicht das Hinzufügen von Blut, sondern den Aderlass. George Washington wurden 1799 in den Stunden vor seinem Tod fast drei Liter Blut abgenommen. Mozart ließ sich zur Behandlung seines Rheumas auf die Prozedur ein. Friseure, damals Barbiere, schnitten nicht nur Haare, sondern führten auch den Aderlass durch, und der traditionelle, rot-weiße Barbierstab symbolisiert Blut und Bandagen. Ich wusste nicht, wie viel Blut man bei einer Operation verlieren kann, bis ich mich selbst mehreren Eingriffen unterzog. Als ich beim Kaiserschnitt auf dem OP-Tisch lag, schockierte mich die Menge des vergossenen Bluts. Mein Mann sagte später, die Szene habe an den Tatort nach einem Mord erinnert.

Blut wird so leicht vergossen und ist dennoch eine Handelsware mit einem Marktwert. Zwischen 1998 und 2003 hat sich dieser in Irland verdreifacht. Das US-Start-up Ambrosia sammelt Blut von unter Fünfundzwanzigjährigen, und reiche Empfänger über sechzig zahlen über 7 200 Euro für die Transfusion jugendlichen Bluts. Transhumanisten interessieren sich für die sogenannte Parabiose (die vor Jahrzehnten mit dem Zusammennähen der Blutgefäßsysteme von Ratten begann). Der milliardenschwere Unternehmer Peter Thiel hat Berichten zufolge das Blut anderer erhalten und die Forschungen in diesem Bereich finanziell unterstützt. Diese Möglichkeit steht natürlich nur den sehr Reichen offen, die auf das ewige Leben fixiert sind.

Man muss nur an einer beliebigen Stelle des Körpers einen kleinen Einstich machen, und sofort fließt Blut. Ich stelle mir eine Riesenwunde vor, die sich aus all meinen über die Jahre angesammelten Verletzungen zusammensetzt: blutige Beine nach einem Sturz vom Fahrrad, Schnittwunden vom Rasieren der Beine als Teenager, eine kleine rote Delle, nachdem mir ein Stein an den Kopf geworfen wurde. Als mich ein Auto umfuhr, blutete ich nicht, und ich habe mich noch nie so geschnitten, dass ich genäht werden musste. Die Blutplättchen fügen die Haut wieder zusammen. Sie sammeln sich an den Rändern einer Wunde und bilden einen Pfropfen. Blut hilft dem Körper, sich selbst zu heilen, und hat dennoch – wie alles andere – einen Marktwert.

A-

Alle Blutgefäße im Körper eines Erwachsenen – Venen, Arterien und Kapillaren – bilden, so heißt es, aneinandergereiht eine Strecke von 60000 Meilen. Während ich diese Worte schreibe, bewegen sich die Sehnen meiner Hand unter der blassen Landschaft meiner Haut, doch am deutlichsten zeichnet sich das Blau der Venen ab. Jeder schmale Strom ist ein Botschafter des Bluts, der unbemerkt seine Arbeit tut. Im Lauf der Jahre hatte ich mehrere Kanülen in den Armen – vor Operationen oder wenn meine Armbeugenvenen wie Gänge in Kohleminen in sich zusammenfielen. Die Phlebologen bereiteten mich jedes Mal wortreich vor, beschrieben das Gefühl aber nie zutreffend. »Sie werden ein Kratzen spüren oder einen Schnitt«, sagten sie. Es fühlt sich aber weder wie das eine noch wie das andere an.

Mit Ende zwanzig, genau sechs Monate nach meiner Hochzeit, fand ich mich an einem kalten Januarmorgen in einem Krankenwagen wieder. Ein Sanitäter stützte mich, weil ich weder sitzen noch liegen konnte. Später erfuhr ich inmitten des chaotischen Krankenhausbetriebs, dass sich in meinem Blut etwas Besorgniserregendes befand. Dass etwas nicht stimmte, hatte ich erst bemerkt, als ich mein rechtes Bein nicht mehr belasten konnte. Ich vermutete eine Muskelzerrung, legte das Bein hoch und bandagierte es. Der pochende Schmerz blieb, und ein Arzt schickte mich in die Notaufnahme. Dort wartete ich neben zwei Rentnern auf einer Liege in einem kleinen Zimmer. Dass ich zweiundsiebzig Stunden lang dort lag, ist rückblickend wirklich erschütternd angesichts der späteren Diagnose einer Thrombose. Der Blutfluss in der Vene meiner Wade hatte sich verlangsamt, und das Blut war zu einem Klumpen geronnen.

Ein Arzt vermutete die Antibabypille als Auslöser. Ich erhielt enorme Dosen von Gerinnungshemmern. In der Folgezeit erhielt ich wöchentlich ambulant Warfarin. Die Prozedur fand in einem stickigen Raum statt, in dem ich mit alten Frauen wartete. Inmitten des Meers silbergrauer Köpfe war ich die einzige um viele Jahrzehnte jüngere Person. Warfarin ist ein Blutverdünner, der in drei Stärken und Farben angeboten wird: Rosa ist am stärksten, dann Blau, dann Braun. Eine Handvoll Pink bedeutet, dass man sehr dickes Blut hat. Doch welche Farben ich auch nahm, mein Gerinnungswert fuhr Achterbahn. Ich litt an ständigem Husten. Eines Tages wachte ich auf und entdeckte schwarze Flecken an meinen Beinen. Nicht nur einige wenige, sondern mehr als zwanzig fleckige Kreise. Sie waren nicht durch Stöße entstanden und schmerzten deshalb nicht. Heute weiß ich, dass dieses Phänomen einen Namen hat: Ekchymose, vom lateinischen ecchymosis und dem griechischen έκχύμωσις (ausgießen). Grund für die Flecken war, dass Blut aus Blutgefäßen unter der Haut austrat. Die Farbe machte mir Angst. Sie entsprach nicht dem üblichen Farbspektrum von Hämatomen – nachthimmelblau, lila, teichgrün. Alles fühlte sich unheilvoll an. Ständig wachte ich nachts schweißgebadet auf und ahnte, dass es noch schlimmer kommen würde. Was geschah mit mir?

Bei Krankheiten gibt es immer ein »Vorher« und ein »Nachher«. Vorher ist alles hell, ruhig und normal – ein Wort, dass im Angesicht der Krankheit jede Bedeutung verliert. Die letzten Augenblicke des »Vorher« erlebte ich, als klar wurde, dass schlechte Nachrichten bevorstanden und eine Assistenzärztin der Hämatologie – freundlich, blond, etwa in meinem Alter – den Begriff »Myeloblasten« verwendete. Dabei handelt es sich um unreife weiße Blutkörperchen, die aus dem Knochenmark strömen. Der Begriff war mir neu und genügte, um meine Synapsen in Aktion zu versetzen und mich auf etwas gefasst zu machen. Ich wusste noch nicht, dass ein Level von zwanzig Prozent oder mehr Myeloblasten im Blut ein deutlicher Hinweis auf Blutkrebs ist. Ich suchte nach Antworten, senkte die Angelschnur in dieses neue, furchterregende Gewässer. Die Hämatologin druckste herum und räumte schließlich ein, dass im Knochenmark eine Unregelmäßigkeit entdeckt worden sei. »Wie Leukämie?«, fragte ich. In diesem Moment wusste ich nicht, woher die Frage kam oder wie ich vom Knochenmark auf Krebs geschlossen hatte, aber was wusste ich schon in jenem Land namens »Vorher«? Ein Patient ohne Diagnose lebt in ständiger Angst vor der Offenbarung. Das Äußern einer Vermutung ist der Versuch, mit diesem Zustand umzugehen oder die Aufdeckung der Wahrheit zu beschleunigen. An jenem Sonntag fühlte es sich an, als würden die Fakten meines Körpers gegeneinander abgewogen.

Die schwarzen Flecken, der Nachtschweiß und der tief sitzende Husten mussten irgendwoher kommen. Erst nach Wochen wurde mir klar, worauf meine panisch geäußerte Vermutung gründete. In den späten 1980er-Jahren, als ich im Teenageralter war, wurde bei einer Freundin meiner Mutter Leukämie diagnostiziert. Ich hörte, wie das Wort »Knochenmark« im Zusammenhang mit ihrer Krebserkrankung verwendet wurde. Sie wurde damals im selben Krankenhaus in Dublin behandelt, in dem ich mich nun befand. Die Abteilung für Hämatologie war in einem alten Gebäude untergebracht, das ich kurz nach Erhalt meiner Diagnose noch öfter betrat und in dem verschiedene Blutstörungen behandelt wurden. In einem anderen Raum auf dem gleichen Stockwerk lag der irische TV-Moderator Vincent Hanley. Ich hatte seine Musiksendung MT-USA immer begeistert gesehen. Dort hatte ich erstmals Kraftwerk mit dem Video »Musique Non Stop« erlebt. Natürlich hatte ich es aufgezeichnet, die Robotergrafiken einer Freundin gezeigt und auf ihre Reaktion gewartet. Mit zwölf wurde ich sofort ein begeisterter Fan.

Hanley war aus einer Privatklinik ins St.-James-Krankenhaus gebracht worden und wurde von einem Team versorgt, das auf seine Privatsphäre bedacht war. Die ersten Fälle von HIV in Irland wurden in den frühen 1980er-Jahren entdeckt. Viele der Infizierten waren Bluter, die kontaminiertes Faktorenkonzentrat (VIII und IX) erhalten hatten. Auch bei Prostituierten, spritzenden Drogenabhängigen und schwulen Männern wurde HIV diagnostiziert. Mit der Diagnose kam die Stigmatisierung. 1987 spekulierte die Presse, als schwuler Mann liege Hanley bestimmt wegen AIDS im Sterben.

In den ersten Monaten meiner Krankheit verbrachte ich viel Zeit im Erdgeschoss dieses alten Gebäudes. Ich dachte oft an die Freundin meiner Mutter, die 1992 der

Leukämie erlag, und an Hanley, der 1987 mit nur siebenunddreißig an mit AIDS verbundenen Krankheiten gestorben war. Die Flure waren kahl und schlecht beleuchtet. Die glänzend lackierten Türen erinnerten an die 1950er-Jahre. Heute verbinde ich die kargen Räume in diesem langen Flur mit schlechten Nachrichten: Infektionen, ein großes Hämatom. Die hohe Decke im Wartezimmer hatte Bullaugenfenster, die den Wunsch weckten, einfach davonzusegeln oder sich bereits auf hoher See zu befinden. Überall, nur nicht hier.

Das Gerinnsel in meiner Wade wurde größer, löste sich und kletterte meinen Oberschenkel hinauf bis in die Lunge. Die Ärzte lauschten mit Stethoskopen, während ein Professor seinen Studenten erklärte, ein Lungengerinnsel habe einen ganz eigenen Ton, einen individuellen Signifikanten. Er redete darüber, als ginge es um einen Reifenwechsel. In der ersten Woche hustete ich einen Teil des Gerinnsels heraus. Auf dem makellosen Email des Waschbeckens sah es aus wie eine zerdrückte Himbeere.

Die Diagnose lautete akute Promyelozytenleukämie, eine seltene, aggressive und schnell verlaufende Form der myeloischen Leukämien. 2017 war der sechzehnte Geburtstag ihrer Klassifizierung durch den norwegischen Hämatologen Leif Hillestad. Als die Erkrankung entdeckt wurde, lag die durchschnittliche Überlebenszeit nach der Diagnose bei weniger als einer Woche. Heute überleben die meisten Menschen länger, und die Todesursache ist meist eine Hirn- oder Lungenblutung. Diese Todesraten hatte ich im Internet gefunden, obwohl ich damals schon wusste, dass es keine gute Idee ist, eine Krankheit zu googeln. Online-Diagnosen sind gewissermaßen obligatorisch, aber nicht besonders nuanciert. In der ersten Nacht im Krankenhaus bekam ich mehrere Blut- und Blutplättchentransfusionen. Ich hing an einer Medikamentenpumpe und sah zu, wie glibberige Flüssigkeiten aus Beuteln in meine Venen geleitet wurden. Angesichts meiner schwierigen orthopädischen Vorgeschichte ist es eine besondere Ironie, dass Blutkrebs im Knochenmark beginnt. Die beiden Diagnosen waren unabhängig voneinander und lagen Jahrzehnte auseinander, standen aber in seltsamer knöcherner Verbindung. Von meinem Bett aus rief ich meinen Bruder in Australien an und hörte ihm beim Weinen zu. Vollgepumpt mit Medikamenten und Blut erbrach ich am nächsten Morgen literweise schwarze Flüssigkeit. Ist das der Krebs?, fragte ich mich.

Am nächsten Tag begann die Chemotherapie. Dazu – und zur Verabreichung weiterer Medikamente und Gerinnungshemmer – wurde mir ein Hickman-Katheter mit drei Ausgängen in die Brust gelegt. Der Plastikschlauch wurde unter der Haut in die Vena cava eingeführt, die direkt ins Atrium des Herzens führt. Dort saß er wie ein in meinem Brustkorb versenkter Sarg und wurde von Gewebe umschlossen. Als er sechs Monate später entfernt werden sollte, bewegte er sich nicht. Er war Teil meines Körpers geworden und klammerte sich an mich. Eine Schwester versuchte, uns mit einem Skalpell und ohne Betäubungsmittel zu trennen. Das Blut spritzte überallhin. Ihr Versuch hinterließ vier bleibende Narben an meinem Hals.

B+

Ein Mann kniet auf einer weißen Bühne. Sein Körper sah aus wie ein L. Vom geschorenen Kopf bis zu den Füßen ist er mit dicker weißer Farbe bemalt. Ein dröhnender Soundtrack ertönt. Der Künstler Franko B, geboren 1960 in Mailand, malt und zeichnet zwar auch, ist aber hauptsächlich für seine Performancekunst bekannt, bei der er aus Nadeln in seinen Armen blutet. In »I'm Not Your Babe« (1995-96) muss sich der Betrachter fragen, ob der Künstler Schmerzen darstellt oder tatsächlich erfährt und den Blutverlust wirklich erlebt. Die Arbeit ist verstörend und kann sowohl ein Begräbnis als auch eine Auferstehung bedeuten. Von allen seinen Arbeiten zum Thema Blut sehe ich mir immer wieder »Oh Lover Boy« (2001–2005) an. Die Zuschauer sitzen zunächst hinter Trennwänden, wie sie im Krankenhaus verwendet werden. Die Trennwände werden entfernt und geben den Blick auf den Künstler frei, der auf einer Art schwarzer Leinwand liegt und blutet. Franko B ist gleichzeitig Künstler und Objekt, der dem Zuschauer verzehrbereit serviert wird. Wenn ich das Video betrachte, sehe ich einen OP-Tisch oder eine Totenbank. Diese Arbeit ist die am stärksten chirurgische in seinem gesamten Werk. Er ist von Kopf bis Fuß weiß bemalt, bis auf das Blut, das aus seinen Armen dringt. Es ist die Pose eines medizinisch dargestellten Christus, es sind statische Stigmata.

Anders als in Franko Bs vorausgehenden Performances

herrscht in »Oh Lover Boy« nur wenig Bewegung, außer wenn der Künstler die Fäuste ballt, um den Blutfluss zu beschleunigen. Die weiße Farbe unterstreicht sein Weißsein und seine Maskulinität, doch die Nacktheit unterstreicht seine Verletzlichkeit. Sein Blut wird in einem Ablauf gesammelt. Am Ende richtet er sich mit verwirrtem Blick auf; er sieht fast aus wie ein Kind. Er steht vom Tisch auf und hinterlässt Blut und den Abdruck seines Körpers. Ein fast perfektes Faksimile des Selbst, das dort gelegen hat. Ich finde diese Arbeit faszinierend und bewegend. Sie erforscht unsere Sterblichkeit, die schiere Vergänglichkeit des Körpers, des Lebens.

Das Video wurde für die Nachwelt aufgenommen (oder vielleicht für Permanenz, anders als das verlorene Blut?). Es gibt eine Einstellung von oben, die wie eine außerkörperliche Erfahrung erscheint, eine Pietà ohne Jungfrau Maria. Wenn ich es betrachte, sehe ich Leben und Tod, Reglosigkeit und Lebendigkeit, Kunst und Biologie. Franko verwandelt das Körperliche in etwas Philosophisches. Die Begegnung mit seinen Performances ist kompliziert: Er ist keine Leinwand oder Skulptur – er ist lebendig. Franko ist nicht nur der Künstler, der ein Thema repräsentiert, er selbst ist das Werk, und das Werk ist er. Sein Bluten ergibt für mich einen Sinn und fühlt sich lebendig an, und zwar in einer Weise, die ein statisches Gemälde nie erreichen könnte.

Die Betrachtung dieses künstlerischen Blutvergießens oder meiner eigenen Transfusionen lehrte mich mehr über die Flüssigkeit selbst: die Farbtiefe, die Dichte, das Gewicht. Blut in Beuteln ist dunkler und wirkt leicht unheimlich. In dem Vakuumbeutel hat es eine andere Intensität als das Blut aus einer Wunde. Wer nie mit Blut zu tun hatte kennt nur das Kunstblut aus dem Kino. Die Flüssigkeit, die in der Duschszene von *Psycho* in den Abfluss läuft, ist Schokoladensoße. Die eindringlichste Szene in *Carrie* dreht sich nicht nur um Blut, sondern auch um dessen Herkunft und Textur. Sissy Spacek wird von der Außenseiterin zur Prom Queen mit Schärpe und Krone, doch von oben ergießt sich ein Wasserfall aus sirupartigem, dickem Schweineblut auf sie. Carrie rächt sich auf blutige Weise mit ihren telekinetischen Fähigkeiten. Die Szene ist ein Meisterwerk hinsichtlich des Tempos und des Spannungsaufbaus. Von dem Film ist mir vor allem die Farbe und Textur des Schweinebluts in Erinnerung geblieben, das in einem Eimer hin- und herschwappt.

B-

> Es gibt keine Gleichberechtigung ohne das Recht auf Abtreibung, es gibt kein Recht auf Abtreibung ohne Respekt für den Körper der Frau, es gibt keinen Respekt für den Körper der Frau ohne das Wissen um Blut.
>
> Christen Clifford, *I Want Your Blood*

Ein Blutfleck an der Wand kann nicht darüber Auskunft geben, ob jemand männlich oder weiblich ist. Dazu muss man im Labor nach bestimmten Markern oder der Ab- oder Anwesenheit des Y-Chromosoms suchen. Männer haben mehr Blutplättchen und Hämoglobin, aber das ist keine endgültige Identifikationsmöglichkeit. Historisch wurde Blutverlust als männliche Heldentat betrachtet – in rituellen Faustkämpfen, bei Kontaktsportarten oder Kämpfen. Unregelmäßige, zufällige Ereignisse, die als singuläre Meilensteine betrachtet werden; Geschichten, die man erzählen kann, wenn der Schmerz und genug Zeit vergangen sind. Weibliches Bluten ist banaler, häufiger und wird eher übergangen, obwohl genau dieses Bluten am Beginn eines jeden Lebens steht.

Die Periode als unangenehmes und schmerzhaftes Ereignis ist heute gründlich dokumentiert, ein zyklisches Ritual, das die meisten Frauen ihr halbes Leben lang ertragen müssen. Der rote Streifen in der Unterhose, das grelle Rot des ersten Tags, dann dunkle, zähflüssige Fragmente. Bei der Periode löst sich die Gebärmutterschleimhaut und wird zusammen mit dem nicht befruchteten Ei abgestoßen. Periodenblut besteht tatsächlich nur zur Hälfte aus Blut – der Rest besteht aus Zervixschleim und Gebärmuttergewebe. Der monatliche Auswurf macht das Periodenblut zu einem Oxymoron: Obwohl es die Möglichkeit neuen Lebens symbolisiert, ähnelt es eher Abfall. Bluten als Zeichen der Fruchtbarkeit: Blut als Erleichterung oder Enttäuschung, wenn keine Schwangerschaft vorliegt. In *Der weibliche Eunuch* schrieb Germaine Greer – lange vor ihren problematischen Äußerungen über Transsexualität und Vergewaltigung –, dass Frauen, um ihre Körper kennenzulernen, dieses Sekret selbst probieren sollten: Eine Frau, die sich für emanzipiert halte, solle darüber nachdenken, von ihrem Menstruationsblut zu kosten. Ekele sie sich, so habe sie noch einen langen Weg vor sich, so Greer. Das Blut schmeckt leicht nach Eisen, und in den ersten Tagen meiner Schwangerschaft schmeckte alles nach Metall. Ein Mundvoll Rost.

Es ist unbestritten, dass Menstruationsblut rot ist. Dennoch ist es noch nicht lange her, dass Blut in der Fernsehwerbung als blaue Flüssigkeit dargestellt wurde, wenn die Saugkraft von Binden demonstriert werden sollte. Erst 2017 wurde in der »Blood Normal«-Kampagne von Bodyform rote Flüssigkeit in der Werbung gezeigt. (Echtes Blut zu zeigen wäre doch zu schrecklich gewesen.) Eine ganze Generation von Frauen lachte über Werbespots, in denen Frauen während ihrer Periode Rollschuh fuhren oder weiße Hosen trugen und doch nie auch nur der kleinste Blutfleck zu sehen war. Das änderte sich mit »Period«, einer Fotoserie der Schwestern Rupi und Prabh Kaur, die zuerst 2015 auf Instagram erschien. Die Bilder zeigen Rupi Kaurs Erfahrung mit ihrem eigenen Menstruationsblut – im Liegen mit Blutflecken auf der Kleidung oder in der Dusche mit blutbefleckten Beinen; ein anderes Foto zeigt ein blutbeflecktes Bettlaken, das aus einer Waschmaschine hängt. Kaurs Arbeit macht sichtbar, was Frauen verbergen sollen. Sie beendet ein Tabu, dem zufolge Menstruation im Verborgenen stattzufinden hat. Ihre Bilder machen das Private öffentlich.

Vor zwanzig Jahren wurde Tracey Emins ikonische Installation »My Bed« erstmals in der Tate Gallery gezeigt (1999). Es gab unmittelbare und sehr unterschiedliche Reaktionen. Dass Emin auch ihre mit Menstruationsblut befleckte Unterwäsche zeigte, löste besonderes Entsetzen aus. In der Kunst werden oft Grenzen durchbrochen, doch in Emins Fall hieß es, sie sei zu weit gegangen. Sie hatte etwas offengelegt, das sie nicht hätte zeigen dürfen – etwas, das aus ihrem Körper, ihrem weiblichen Selbst kam. Dabei war der Körper in der Kunst immer etwas Öffentliches. Hätte Emin selbst nackt auf dem Bett gelegen, wäre sie gewissermaßen ihre eigene Installation gewesen, hätte sie damit weniger Fassungslosigkeit ausgelöst als mit ihrer blutigen Unterwäsche.

2015 nahm der damalige republikanische Präsidentschaftskandidat Donald Trump an einer Debatte auf dem Nachrichtensender Fox News teil. Moderiert wurde die Sendung von der Journalistin Megyn Kelly. Trump gefielen ihre Fragen nicht. Im Nachhinein sagte er: »Man konnte sehen, dass ihr Blut aus den Augen lief. Blut kam aus ihrer Was-auch-immer.« Sahra Levy, eine Künstlerin aus Portland, porträtierte als Reaktion darauf Trump mit ihrem eigenen Menstruationsblut. Trumps sexistische Kritik einer Frau wurde gegen ihn selbst gewendet. Viele Künstlerinnen vor Levy haben Ähnliches getan. Beispiele sind etwas Judy Chicagos Soloarbeiten in den 1970er-Jahren und ihre Gruppeninstallation »Womanhouse« gemeinsam mit anderen Künstlerinnen, Christen Cliffords »Feministische Öffentliche Aktion in drei Teilen« unter dem Titel *I Want Your Blood* (2013); die Fotos der Aquarien voller Menstruationsblut von Jen Lewis; die Bilder von Sex nach der Periode der New Yorker Künstlerin Sandy Kim; Ingrid Berton-Moines »Red ist the Colour« (2009) – an Modefotografien erinnernde Bilder von Frauen, deren Lippen mit Menstruationsblut gefärbt sind. 2000 fand die Künstlerin Vanessa Tiegs, die mit Menstruationsblut malt, einen Sammelbegriff für dieses Medium: »Menstrala«. Die Namensgebung begründete nicht nur eine Bewegung, sondern legitimierte eine Gemeinschaft, die mit einer natürlichen Substanz experimentierte, aufgrund derer Frauen bislang ausgegrenzt worden waren. Frauen wurden konditioniert, sich wegen ihrer Periode zu schämen, sie zu verstecken und auch ihre Reaktion darauf für sich zu behalten. Die Verwendung des Menstruationsbluts als künstlerisches Medium ist ein feministischer Akt der Inanspruchnahme und Konfrontation.

Blut als Instrument der Konfrontation stand auch im Zentrum der Kunst von Ana Mendieta. Sie wurde 1948 in Kuba geboren und widmete ihr Leben dem Einsatz des Körpers als politisches Instrument. In ihrer Performancekunst, in Filmen und auf Fotografien beschäftigte sie sich immer wieder mit Blut als Symbol sowohl patriarchaler Gewalt von Männern gegen Frauen als auch der Macht weiblicher Sexualität. Der Kurzfilm *Sweating Blood* (1973) zeigt Mendieta reglos und mit geschlossenen Augen, während Blut aus ihren Haaren tropft. Eine ihrer umstrittensten Arbeiten war ihre Antwort auf die Vergewaltigung und den Mord an einer Kommilitonin 1973 an der University of Iowa. Mendiata rekonstruierte den Tatort im Detail und bat Studenten und Professoren, zu einer bestimmten Zeit in ihre Wohnung zu kommen. Dort fanden sie die blutige, nackte Mendieta »tot« auf einem Tisch. Mendieta nutzte Blut, um ihre Zuschauer an die Endlichkeit des Lebens und die Materialität des Körpers zu gemahnen. Für sie bedeutete Blut Sex und Magie, ein viszerales Memento mori tief aus der weiblichen Erfahrung.

*

Die Gerinnsel in meinem Bein und in meiner Brust wurden mit Medikamenten zersetzt und wieder vom Körper resorbiert. Während der Periode sondert der Körper Gewebe ab – Klümpchen, Schleimhaut in der Farbe von Leber im Schaufenster einer Metzgerei. Für ein paar Monate meines Lebens kam es zu einer zeitlichen Überlappung der Thrombose und der Periode. Das Gerinnsel im Bein und die Lungenembolie strömten ungehindert durch meine Adern wie Bonnie und Clyde. Im Fall solch losgelöster Gerinnsel ist jede Art von Blutung gefährlich. Meine Blutmenge sank mit jedem neuen Behandlungszyklus, wodurch ich anfällig für Infektionen wurde. Weiterer Blutverlust war deshalb nicht ratsam. Der beratende Arzt verschrieb ein Medikament, das die Menstruation aussetzen sollte, und erklärte auch, dass die hochdosierte Chemotherapie meine Fruchtbarkeit beeinträchtigen könne. Nicht zu bluten war für mich, als funktioniere mein Körper nicht. Das Pausieren der Menstruation fühlte sich an wie der erzwungene Stillstand eines Aspekts meiner Weiblichkeit. Bezüglich dieser Zeit habe ich Erinnerungslücken. Gewisse Dinge hat mein Gehirn nicht festgehalten. Zum Beispiel habe ich den Namen des betreffenden Medikaments vergessen und suche deshalb mit Google nach »Medikamenten zum Beenden der Periode« und »Krebs«. Der Name erscheint sofort. So ist das jedes Mal, wenn ich nach mehrsilbigen Medikamentennamen oder abseitigen Therapiemethoden suche: Wenn sie auf dem Bildschirm erscheinen, erkenne ich sie sofort und mit leichtem Unbehagen wieder.

Als ich nach Hause durfte, musste ich mir täglich selbst Gerinnungshemmer injizieren. Das ging so: Ich wischte die Haut mit Alkohol ab, öffnete die Verpackung der Einwegnadel, schob die Nadel in das Glasfläschchen, zog die Spritze auf, schnippte dagegen, um die Luftblasen aufzulösen, nahm die Haut meines Bauchs zwischen Daumen und Zeigefinger, stach die Nadel hinein und drückte auf den Kolben. Bei diesen subkutanen Injektionen sah ich – abgesehen von dem einen oder anderen winzigen Tropfen an der Einstichstelle – wenig Blut. Ich besaß einen Entsorgungsbehälter für spitze Gegenstände in knalligem Gelb und Blau mit einem Warnschild auf der Vorderseite. Bei diesen Behältern geht es – wie bei den Eimern für Sanitärartikel in Toiletten – um Sicherheit, aber auch um das Verstecken. Der Behälter war eine Erinnerung daran, dass mein Blut, ob peripher oder menstruell, ein biologischer Gefahrenstoff war.

0+

Im »Nachher« der Krankheit erweiterte sich mein Vokabular. Jeden Tag tauchten neue Wörter auf: Embolie, Infarkt, Neutrophile, Anthrazykline. Worte zur Beschreibung von Dingen, die ich nicht sehen konnte. Es gab Hunderte Nadeln. Die Blutkulturtests sahen aus wie Flaschen voller Tabascosoße. Der Hickman-Katheter ragte aus meiner Brust und erinnerte mich an die Borg in *Star Trek*. Wenn ich nichts essen konnte, wurde mir darüber eine komplexe Flüssigkeit verabreicht. Er verursachte ein Hämatom in der Größe eines Golfballs – eine weiche Masse aus altem, geronnenem Blut. Ich fuhr mit den Fingern darüber. Die Haut fühlte sich samtig an.

Bluttransfusionen hatte ich für verschiedene Operationen erhalten, darunter auch für den Hüftersatz. Die frühere Lungenembolie bedeutete, dass ich auf eine Vollnarkose verzichten musste. Während des fünfstündigen Eingriffs war ich zwar betäubt, wachte aber mittendrin auf – nicht gänzlich, aber doch genug, um zu wissen, dass ich wach war, und mich fragte, ob etwas mit der Spinalanästhesie nicht stimmte oder ob ich auf einem chemischen Trip war. Ich spürte einen Stoß in dem Bereich, in dem der Chirurg mein neues Gelenk einsetzen wollte. »Wer schubst mich da?«, nuschelte ich. Eilig wurde die Dosis erhöht, und ich verlor wieder das Bewusstsein. Ich verlor viel Blut. Im Aufwachraum erklärte mir eine ganz in Blau gekleidete Krankenschwester, dass ich besorgniserregend blass sei, und legte mir eine Transfusion. Als ich zum zweiten Mal aufwachte, hing an dem Tropf neben meinem Bett ein Beutel mit Blut. Hell und wild, ein Plastikherz.

Die rote Farbe des Bluts stammt von dem Protein Hämoglobin, das Eisen enthält und den Sauerstoff zu den Lungen transportiert. Wann immer mir das Wort in geschriebener Form begegnete, schienen sich die Buchstaben zu verdrehen. HämoGOBLIN – ein böser Geist, der in meinen Blutgefäßen lauert und mich verflucht. Wenn ich an die roten Blutkörperchen denke, an das Blut, das in meinen Ohren pocht, eine Vene, die in meinem Arm pulsiert, dann denke ich nicht an das Geräusch oder daran, wie sich die Haut hebt und senkt, sondern nur an das schiere Rot darunter.

0-

In der Abteilung für Hämatologie haben die Blutschläuche farblich codierte Bändchen und sind fein säuberlich geordnet.

Lila (umfassendes Blutbild)
Hellblau (Gerinnung)
Ocker (Virologie)
Grün (Plasma)
Rosa (Blutgruppe und Kreuzprobe im Fall einer Transfusion)

Mit der Nadel im Arm, Sie spüren nur einen kleinen Piks, sehe ich weg von meiner Haut und hin zu der regenbogenbunten Reihe der Blutentnahmeröhrchen mit dem Markennamen VACUETTE. Immer, wenn eine Schwester eines der Röhrchen mit meinem Blut befüllt, will ich fragen, ob »The Vacuettes« nicht ein toller Name für eine Girl-Punkband wäre. Aber ich tue es nie. Ich versuche, mich nicht auf die Blutentnahme zu konzentrieren. Vacuette könnte auch die Heldin in einem französischen Liebesroman oder ein umgangssprachlicher Ausdruck für böse Mädchen sein. Meine Vene wehrt sich, und die Nadel geht daneben. Ich meide den Blick auf den Einstich und das Blut auf meinem Arm und fokussiere stattdessen den blau-gelben Behälter für Bioabfälle. Ich denke an Mannschaftsfarben:

Fußball: Wimbledon, Mansfield Town, Oxford United.

GAA: Roscommon, Wicklow, Longford, Clare, Tipperary.

Vacuette. Ich spiele mit dem Wort. Vermutlich kommt es von Vakuum, eine Leere, die gefüllt werden will. Nur wenn Blut hineingegeben wird, erfüllt sie ihren Zweck.

Der amerikanische Künstler Barton Beneš (1942–2012) beschäftigte sich in seiner Kunst unter anderem mit kleinen Gefäßen. Er lotete die Möglichkeiten dieser Kleinsträume aus und nutzte sie gleichzeitig als gesellschaftliche und politische Kommentare. Seiner persönlichen Situation wollte er durch seine Kunst Kraft verleihen. Sein Hauptmedium war stets die Skulptur, aber als bei ihm HIV diagnostiziert wurde, vollzog er einen Kurswechsel. Von nun an beschäftigte er sich mit Gegenständen aus seiner Umgebung, die das Geschehen in seinem Blut repräsentierten. »Palette« von 1998 ist eine traditionelle Malerpalette, die mit Kapseln und Pillen bedeckt ist. Diese bestehen nicht aus Farbe, sondern aus Beneš' eigenen HIV-Medikamenten. In zwei Versionen seiner Arbeit »Talisman« (1994) bilden die Kapseln eines antiretroviralen Medikaments zusammen mit Perlen und Dollarscheinen einen Rosenkranz. Beneš verbindet auf diese Weise Religion und Glauben mit Krankheit, kommentiert aber auch die exorbitanten Kosten von HIV-Medikamenten in den 1980er-Jahren. Wenn Medikamente als Ware verwendet werden, warum nicht auch als Kunst?

Die aus meiner Sicht faszinierendsten Arbeiten Beneš' beinhalten sein eigenes Blut. Das beginnt mit Werken wie »Transsubstantiations, 3« – einer Spritze mit seinem HIV-positiven Blut, an der farbige Federn angebracht sind. Die Spritze wirkt weniger wie ein medizinischer

Gegenstand, sondern vielmehr wie ein Pfeil, wobei die Federn an die Waffen der amerikanischen Ureinwohner erinnern. In Beneš' Kunst ist das Religiöse gleichermaßen Routine und Ritual, und zwar nicht nur als Quelle der Hoffnung oder Heilung, sondern auch eng verbunden mit dem Bluten Jesu am Kreuz. Die offene Wunde in der Flanke des Gekreuzigten war ein Analogon zur damals bestehenden AIDS-Krise. In »Crown of Thorns« (1996) führte Beneš seine Arbeit weiter, indem er Nadeln und Infusionsschläuche, die sein infiziertes Blut enthielten, zu einer Dornenkrone wob – eine zugleich zarte und erschütternde Arbeit.

In den 1980er-Jahren dezimierte AIDS die Schwulenszene in Beneš' Wahlheimat New York. In der Anfangszeit wussten viele nicht, dass sie infiziert waren. Beneš verlor zahlreiche Freunde – darunter auch seinen Partner – an die Krankheit. Seine Kunst war der Versuch, all diese Verluste zu bewältigen. »Ich wusste nie, was ich zum Thema AIDS sagen sollte. Für mich war das ein schwieriges Thema«, erklärte er einmal gegenüber dem Nachrichtensender CNN. Die Nähe zu dem schrecklichen Geschehen innerhalb der Schwulenszene, die Unbegreiflichkeit und die Auseinandersetzung mit der eigenen Erkrankung führten zu den überzeugendsten Arbeiten in Form der Blutkunst-Reihe *Lethal Weapons* (1992–97). Sie umfasst dreißig Gefäße mit dem HIV-positiven Blut von Beneš und anderen. Beispiele der Reihe sind »Silencer«, 1993 (Wasserpistole), »Essence«, 1994 (Parfumzerstäuber), »Holy Water«, 1992 (Weihwasserfläschchen), »Absolute Beneš«, 1994 (Miniatur-Wodkaflasche von Absolut), »Venomous Rose«, 1993 (Scherzartikelblume) und »Molotov Cocktail«, 1994. Die

Europatournee der humorvollen und pointierten Ausstellung war umstritten. Der schwedische Gesundheitsminister ließ die Ausstellung verbieten; die Gazetten nannten Beneš einen »Kunstterroristen«. Eine Zeitung sprach von einer »AIDS-Horrorshow«. Beneš hatte nichts anderes getan, als romantische, lustige und religiöse Gegenstände künstlerisch wiederzuverwerten. Wie sonst soll man der eigenen Sterblichkeit künstlerisch begegnen oder auf das vorzeitige Ende des Lebens reagieren?

Am Abend, nachdem ich die Leukämie-Diagnose erhalten hatte, brachte ich es nicht über mich, meinen Eltern davon zu erzählen. Ich hatte Angst vor ihrer Reaktion und bat die Schwester, es ihnen zu sagen. Im Bett liegend bereitete ich mich darauf vor, dass meine Eltern gleich den Vorhang zur Seite schieben würden. Nie werde ich ihre Gesichter, ihre Fassungslosigkeit und ihre Tränen vergessen. Inmitten all des Verkehrten dieses Augenblicks wusste ich, dass etwas von mir verlangt wurde. Dass ich meine Angst verbergen und ihnen einen Ausblick auf die Zukunft geben musste, von der wir doch alle wussten, dass sie ungewiss war. Ich kann mich nicht daran erinnern, aber Jahre später erzählte meine Mutter, ich hätte sie angesehen und gesagt: »Ich werde nicht sterben. Ich werde ein Buch schreiben.« Wer sich dem Schreiben oder der Kunst verpflichtet, verpflichtet sich dem Leben. Eine selbst gesetzte Deadline wird zum existenzverlängernden Mittel. Ich habe lange gebraucht, um dieses Buch zu schreiben, und ich bin hier – so weit weg von jenem schrecklichen Abend.

In der Kunst geht es um die Interpretation unserer eigenen Erfahrungen. Wenn wir Krankenhäuser oder hämatologische Abteilungen betreten, verändert sich unsere Identität. Wir werden von Künstlern oder Eltern zu Patienten, zu Kranken. Wir geben die Flüssigkeit in unseren Adern heraus, um sie unter dem Mikroskop untersuchen oder in Pipetten abfüllen zu lassen. Beneš begriff seine Kunst als eine Form der Unterbringung. Wenn Schläuche im Krankenhaus sein Blut beherbergen konnten, dann konnte seine eigene Arbeit das auch. Beneš wusste: Wenn sein Blut schon woanders als in seinen Adern sein musste, dann ließ es sich genauso gut als ästhetische Agenda nutzen – als Besitzerklärung.

AB+

Wer in einem katholischen Land aufwächst, weiß bereits von früh an, dass Blut hochgradig symbolisch ist. Kein Gläubiger darf je vergessen, dass Jesus blutet – aus dem Kopf, wo die Dornenkrone sitzt, und aus den Wunden an seinen Händen und Füßen. Es heißt, dass ein römischer Soldat den Gekreuzigten in die Flanke stach und Blut und Wasser aus der Wunde flossen. Beides sind lebensspendende Flüssigkeiten und Grundbausteine des Körpers. Das Bluten macht Jesus sterblich und verletzlich, zu »einem von uns«. Wann immer das Wort »Blut« in der Bibel auftaucht, bezieht es sich auf Jesu Opfer. »Das Blut Christi« bedeutet für Christen tatsächlich die Selbstaufgabe Jesu zur Rettung ihrer befleckten Seelen.

Nehmet und trinket alle daraus:
Das ist der Kelch des neuen Bundes;
mein Blut, das für euch und für alle vergossen wird
zur Vergebung der Sünden:
Tut dies zu meinem Gedächtnis.

Ich bin eine vom Glauben abgefallene Katholikin und habe seit Jahrzehnten keine Messe besucht, aber auf Beerdigungen oder Hochzeiten erinnere ich mich sofort an jedes Wort dieser Beschwörungsformel. Wenn ich müsste, könnte ich sie aufsagen. Selbst die ältesten und konservativsten Religionen sind tief in Ritualen verwurzelt.

Die Eucharistie ist beinahe eine Art Stammesritus, die mich an Trommeln und brennende Scheiterhaufen denken lässt. Sie gemahnt an Voodoo, Blutmagie und Hexerei. Im Lauf der Jahre habe ich auf Hunderten von Kirchenbänken gekniet und bin doch zutiefst misstrauisch geblieben. Bei dem Blut im Kelch muss ich an Macbeths Hexen denken. *Doppelt plagt euch, mengt und mischt!* Die Transsubstantiation ist nicht mehr als ein Trick: Die Illusion, Wein werde zu Blut, beruht allein auf dem Glauben. Die Gemeinde muss glauben, dass eine Oblate zu Fleisch und Wein im goldenen Becher zu den roten Blutkörperchen Jesu wird. Das ist ziemlich viel verlangt und bedarf der kollektiven Aussetzung des Unglaubens. Dieser blinde Glaube ist der Grund, warum Menschen an die Unsterblichkeit glauben oder an einen Gott, der aktiv in unser Leben eingreift.

Der Vater eines Freundes erzählte mir kürzlich, dass seine Schwester ihm als Kind beim Holzhacken fast die Finger mit einer Axt abgetrennt hätte. Eine Frau aus dem Ort kannte ein »Blutgebet«. Die Mutter der beiden trug ihn im Arm zum Haus der Frau, wobei sie eine scharlachrote Spur auf der Straße hinterließ. Das Gebet soll Blutungen bei Tieren und Menschen beenden und kann nur von einer Person des anderen Geschlechts gesprochen werden. Es lautet:

Unser Herr Jesus Christus,
der im Stall zu Bethlehem geboren wurde,
getauft wurde vom heiligen Johannes im Fluss
Jordan, beende das Bluten von (Person X) im Namen
Jesu Christi.

Der Vater meines Freundes sagte, die Blutung habe sofort geendet und die Finger – und das Leben – seines Sohnes seien so gerettet worden.

AB-

Per Post kommt eine Schachtel mit einem kleinen Plastikbehälter, den ich bis zu einer gepunkteten Linie mit der korrekten Menge Speichel füllen soll. Was glauben Sie, wer Sie sind? Im Lauf der Jahre haben die Ärzte genug gesagt, dass ich neugierig wurde und Näheres über meine DNA, über die Zusammensetzung meiner Doppelhelix erfahren wollte. Ich registriere den Behälter online und mache mich auf den Weg zur Post, um die Schachtel an die amerikanische Firma zurückzuschicken. Vor der Post herrscht viel Verkehr. Menschen, die niemals Details über ihre Chromosomen erfahren werden, gehen an mir vorbei. Ich bleibe kurz stehen – eher zögerlich als nachdenklich. Dann werfe ich das Päckchen in den Briefkasten.

Die Ärzte behandeln meine Leukämie mit einer Kombination der Standard-Chemotherapie (die in übergroßen roten und grünen, an riesige Spielzeuge erinnernde Spritzen verabreicht wird) mit einem relativ neuen Medikament namens ATRA, das nur bei dieser speziellen Form der Leukämie wirksam ist. Die Behandlung nennt sich Spanisches Protokoll, weil die Erkrankung bei Menschen lateinamerikanischer und iberischer Abstammung häufiger vorkommt. Ich interessiere mich sehr dafür, woher der spanische Einschlag wohl kommt. Den irischen Sagen zufolge haben die Milesier als Erste unsere Insel besiedelt. Im mittelalterlichen *Lebor Gabála Érenn* (Das

Buch der Landnahmen Irlands) werden diese als Gälen dargestellt, die aus Iberien hierhergekommen seien. Andere Quellen sprechen von Seglern, die sich nach dem Untergang der spanischen Armada vor der irischen Küste im 16. Jahrhundert hier angesiedelt hätten. Für beide Theorien und für die Herkunft meiner Ahnen gibt es keinen Beweis, doch der Autor und Filmemacher Bob Quinn berichtet in Atlantean von einer alten Seehandelsroute, die von Nordafrika durch den Atlantik bis zur Westküste Irlands geführt habe. Er nennt gemeinsame Merkmale (darunter den Einfluss der Berber) als mögliches Indiz für eine hiberno-iberische Bevölkerung. Tagelang sehe ich immer wieder auf der Website der Firma nach, ob die Ergebnisse meiner DNA-Analyse schon da sind.

Meine Tochter kam einen ganzen Monat zu früh zur Welt. Ganz winzig lag sie im Brutkasten, ein eingerollter kleiner Ball aus Fleisch. Die Kinderärztin, die sie untersuchte, betrachtete ihre Wirbelsäule und ihre Haut und einen anderen Teil ihres Körpers und verkündete: »Wie ich sehe, ist sie keine echte Keltin.« Nach der Kaiserschnittgeburt war ich erschöpft, benommen und mit Opiaten vollgepumpt. Ich war nicht wach genug, um sie zu fragen, was sie damit meinte. Wenn meine Tochter keine Keltin war, was war sie dann? Dieses hingeworfene ärztliche Urteil gesellte sich zur Anfälligkeit der Iberer für APL und meiner generellen Neugier auf mein Vorfahren und trug mit dazu bei, dass ich meinen Speichel verschickte.

Als eine Woche später die Ergebnisse kommen, wird klar, dass ich nicht zu hundert Prozent irischer Herkunft bin. Meine DNA ist zu 91,5 Prozent britisch und irisch,

4,2 Prozent sind nordwesteuropäisch, weitere 2,4 Prozent sind spezifisch skandinavisch, 0,3 Prozent osteuropäisch, 0,1 Prozent stammen aus Ostasien und von den amerikanischen Ureinwohnern und weitere 0,1 Prozent von den Jakuten, einem ostrussischen Volk. Spanische oder lateinamerikanische Anteile sind nicht vorhanden (null Prozent in beiden Fällen). Die Ergebnisse werden auf einer Karte dargestellt – vielleicht ist das die Verbindung zu Lateinamerika. Meine Haplogruppe (eine genetische Population mit einem gemeinsamen Vorfahren), T2e, ist eine Untergruppe von T2, die im Mittelmeerraum stärker vertreten ist. Ich forsche weiter und entdecke, dass T2e möglicherweise mit den sephardischen Juden in Verbindung steht, die im 15. Jahrhundert von der iberischen Halbinsel vertrieben wurden. Sie flohen vor allem in das Osmanische Reich, aber auch in andere Regionen. »Sephardi« bedeutet »spanisch« oder »hispanisch« und stammt vom hebräischen »sepharad«. Bis zu meinem Abfall vom Glauben war meine ganze Familie tief im Katholizismus verwurzelt, und der Gedanke einer möglichen Verbindung zu den sich auf der Flucht befindenden Juden besonders interessant. Das ist natürlich viele Hundert Jahre her, und ein Promilleanteil sephardischer DNA hat meine weißen Blutkörperchen bestimmt nicht zur Rebellion gebracht. Auch der winzige Anteil jakutischer und skandinavischer DNA hat nichts damit zu tun, dass meine Tochter keine authentische Keltin ist.

*

Als ich diesen Essay schrieb, lag der Ehemann meiner besten Freundin im Sterben. Er war erst vierzig, aber das mehrfache Wiederauftreten einer besonders aggressiven Krebsform hatte ihn schließlich besiegt. Hospizmitarbeiter sind Experten für die Zeichen, die den bevorstehenden Tod ankündigen. Sie wissen, dass die Extremitäten kalt werden, weil sich das Blut aus Händen und Füßen zurückzieht und sich in den lebensnotwendigen Organen konzentriert. Am Morgen nach seinem Tod, zwei Tage nach Silvester, saß ich mit meiner Freundin in dem Zimmer, in das sein Bett gestellt worden war. In den ersten Stunden ihrer Witwenschaft hielt jede von uns eine seiner Hände. Diese Künstlerhände hatten die Einladungskarten zur Hochzeit gestaltet, die erst achtzehn Tage zurücklag. Seine Finger erinnerten noch daran. Sein Herz hatte den letzten Schlag getan, die vielen Kilometer Blut hatten ihre Reise beendet. Das ist der Körper am Ende: Das Blut verwandelt sich in etwas anderes. Die letzten Momente passen nicht zu all den Jahren und Tagen der Lebendigkeit, die zu diesem Augenblick geführt haben. Ich hatte vergessen, wie sich der Körper im Tod verhärtet, wie das Blut fest wird und wie schnell warme Haut kühl wird. Ich denke daran, wie das lebenslange bewegliche Rot sich im Tod verwandelt. Ein letztes Sich-neu-Erfinden, eine Hinwendung zur Reglosigkeit, weg von der Vitalität eines jeden Lebewesens.

UNSER GEMEINSAMER FREUND

Wenn mein Mann und ich gefragt werden, wie wir uns kennengelernt haben, tauschen wir immer einen Blick. Ob bei Abendveranstaltungen oder beim lauwarmen Bier auf einer Grillparty – wir sehen uns an, wenn jemand danach fragt. Die Frage ist eine Hängebrücke zwischen uns, und wir wissen beide, dass wir sie nicht zum Schwanken bringen oder nach unten sehen dürfen.

Der Blick hat eine bestimmte Botschaft:

Du weißt, was du sagen musst, oder?

Jahrelang haben wir die Frage ungeschickt beantwortet, unter den starren Blicken der Fragenden zu stottern begonnen. Inzwischen haben wir gelernt, welche Worte wir wählen müssen. Die Geschichte wurde gekürzt und auf eine Handvoll ausgewählter Sätze beschränkt, weil sie in der ungekürzten Fassung einfach zu intensiv ist. Noch nach all den Jahren hat sie die Kraft, andere zu verletzen. Die dunklen Worte, die man nur schwer über die Lippen bringt, lassen einen Raum voller Menschen verstummen. Deshalb erzähle ich die ganze Geschichte nur noch selten, und niemals, wenn mein Mann dabei ist. Stattdessen antworten wir mit einem Satz und ohne weitere Erklärungen. Das klingt vielleicht, als wollten wir uns absichtlich mysteriös geben, aber ich ziehe eine perverse Freude aus unserer banal klingenden Antwort – eben weil die tatsächliche Geschichte alles andere als banal ist. Und es funktioniert. Kaum jemand fragt genauer nach.

»Über einen Freund«, sagen wir und hoffen, dass unser Lächeln entspannt aussieht.

Als ich Rob am College in der Abteilung für Bildende Künste begegnete, fiel mir zuerst seine Größe auf. Wie viele schüchterne große Menschen ging er leicht gebeugt, um seine Statur zu verbergen. Er trug ein langärmliges bordeauxrotes T-Shirt mit senffarbenen Ärmeln, in dem er aussah wie der Moderator einer Kindersendung. Er war blond, ernst und lispelte leicht. Ich hielt seine Schüchternheit für Arroganz und hielt Abstand.

Monate später begegneten wir uns auf einer Insel wieder. Jedes Jahr reisen Tausende irische Studenten auf der Suche nach Arbeit an die Ostküste der USA. Wir waren auf Martha's Vineyard, einem Idyll für die weiße Oberschicht vor der Küste von Massachusetts. Außerhalb der Saison ging es hier ruhig zu, aber im Sommer lebten hier viele Studenten wie ich, die zwei oder drei Jobs gleichzeitig hatten. Tagsüber hatten wir nur selten frei, abends noch seltener, und doch begegnete ich auf einer Party von irischen Studenten wieder diesem großen jungen Mann. Er versuchte, seine Größe zu verbergen, indem er sich in einem dunklen Treppenhaus versteckte. Viele Abende später begegneten wir uns wieder und kamen uns durch Gespräche über Musik und Bücher näher. Schließlich begannen wir probeweise eine lockere Beziehung. Er gestand mir, dass er das Leben auf der Insel erdrückend fand. Amerika war das Versprechen auf Abenteuer gewesen, aber dieser Ort löste es nicht ein. Hier war nichts los, und Rob fühlte sich von einer Großstadt weiter unten an der Küste angezogen.

Auf der Party zu meinem einundzwanzigsten Geburtstag fragte er mich, ob er auf der Insel bleiben solle. Das zurückliegende Jahr war für mich sehr intensiv gewesen. Ich sehnte mich nach Unvorhersehbarkeit, dem Meer, neuen Menschen und neuen Erfahrungen und wollte außer für mich selbst für niemanden verantwortlich sein. Also nahm Rob die Fähre und ging nach Boston. Ich arbeitete weiter und hatte die eine oder andere spontane Affäre. Einer sah aus wie Johnny Depp, hatte blondierte Haare und trug einen zerknitterten Samtanzug. Es fühlte sich an, als stünde die Insel in Flammen. Die Hitze der Jugend, der brennende Sand in South Beach, die großen Felsen am Great Rock Bight in Chilmark, die glatt wie Blauwale im Wasser lagen. Hier musste man einfach sein.

Am Ende des Sommers machte ich mich auf in das stickige Rauschen Bostons. Ich saß neben Rob auf den Treppenstufen seines Apartmenthauses. Die Luftfeuchtigkeit drückte uns den Atem aus den Lungen. Der Verkehr auf der Autobahn hinter dem Haus rauschte vorbei, Insekten schwirrten um die Mülltonnen, und er hielt meine Hand. In jener Nacht schliefen wir auf einer Matratze auf dem Boden und lauschten den Geräuschen der Stadt. Am nächsten Morgen, als die Hitze sich schon wieder ankündigte, machte ich mich mit einer amerikanischen Freundin auf einen Roadtrip nach Graceland. Wir hörten Elvis, rauchten pausenlos Zigaretten und durchquerten mehrere Bundesstaaten. Viereckige grüne Schilder kündigten die Namen bekannter Städte an.

Diesseits und jenseits der zwanzig gibt es etwas, das uns zur Unabhängigkeit treibt. Man hält an einem bestimmten Selbstverständnis fest und versucht trotzig, die Person zu sein, die man sein will, aber noch nicht ganz ist. An einem gewissen Punkt fühlt sich die Einsamkeit für jeden nach Unbesiegbarkeit an. Als brauche man niemand anderen. In meinen frühen Zwanzigern war ich Single, weil ich es so entschieden hatte – hauptsächlich deshalb, weil ich den Alltag eines anderen nicht in mein Leben einbauen wollte. Natürlich war das nicht der einzige Grund. Das Selbstvertrauen in mich und meinen Körper, das ich als Teenager verloren hatte, kehrte nur langsam zurück. Ich schämte mich noch immer, hatte Angst, mich für meinen Körper und meine nicht funktionierenden Knochen rechtfertigen zu müssen. Doch als die Krankenhausjahre immer weiter in die Vergangenheit rückten, wurde ich etwas entspannter. Jener Sommer war voll neuer Erlebnisse: rosa Haare. Ein Sonnenbrand mit Infektion. Eine Zecke, die sich in meine Haut grub. In Cincinnati war ein Mann wie besessen von meinem Akzent und fragte mich nach irischen Wörtern. Am folgenden Weihnachten kam er nach Dublin und fragte, ob ich ihn heiraten wolle. Ich lehnte ab.

Ereignisse gleiten so rasch in die Vergangenheit – als würde man sie bei schneller Fahrt im Rückspiegel betrachten und dabei zusehen, wie die Lichter in der Dunkelheit funkeln und irgendwann verlöschen. Der Sommer war viel zu schnell vorbei, und im Herbst umgab mich wieder das Zwielicht von Dublin. Abends jobbte ich in einem Kino, und tagsüber studierte ich. Am College begegnete ich Rob wieder. Zwischen uns herrschte eine ungewisse Distanz, die aber nicht auf mangelndem Interesse beruhte. In der Jugend ist man immer beschäftigt, will das Leben voll auskosten, konzentriert sich voll auf bestimmte Dinge, während andere einem entgehen. Eine Zeit lang bewegten wir uns eher parallel zueinander. Ich sah ihn manchmal aus der Ferne, aber wir zogen beide stets weiter und nahmen an, dass wir uns ohnehin wieder begegnen würden.

Ein Paar wurden wir eher zufällig. Monatelang schlichen wir umeinander herum. Eines Abends landeten wir nach langen Gesprächen im Kino. Im Dunkeln fragte ich mich, worauf wir eigentlich warteten, warum wir einander auf Distanz hielten. Nach dem Film tranken wir Bier und lachten viel. Die Grenzen zwischen uns verschwammen. Ich forderte mein Glück heraus.

Nach dem College nahmen wir die erstbesten Jobangebote an und zogen ohne große Diskussion in das winzige Häuschen, in dem ich bisher allein gelebt hatte. Dort war kaum Platz für eine Person, geschweige denn zwei, und vor allem nicht für jemanden, der so chaotisch und so wenig häuslich war wie Rob. Seine Plattenteller standen in einer Ecke. Dort übte er endlos Beatmatching. Unsere Plattensammlungen verschmolzen miteinander. Rob konnte nachdenklich und zugleich unreif sein. Mal war er hilfsbereit, mal kleinlich und faul. Nachts verkaufte er in der Spätschicht der Temple Bar Gourmetwürste an Betrunkene. An den Wochenenden kam er im

Morgengrauen nach Hause und fiel sofort auf unserem schmalen Bett in Tiefschlaf. Sein Körper glich dann einem müden Meniskus. Nur im Schlaf streckte er sich zu seiner vollen Länge aus und war nicht so unruhig wie sonst. Seine Haut roch nach Gewürzen und Fleisch. Monatelang waren wir glücklich. Die Zukunft erschien uns manchmal linear, aber immer unvorhersehbar. Sie war Luft und Licht und wartete darauf, erkundet zu werden.

Wir waren erfüllt von allem, was wir möglicherweise tun könnten und versuchten herauszufinden, welche Richtung wir einschlagen sollten.

Ich dachte immer, er würde einmal Schriftsteller werden. Er hatte immer ein zerfleddertes Notizbuch bei sich. Der Buchrücken hatte sich bereits abgelöst, aber die Seiten voller kurzer Texte und Zeichnungen waren noch intakt. Das Buch enthielt auch Gedichte, und er erzählte gern, wie er nach einer Lesung in Dublin einmal mit Allen Ginsberg ins Gespräch gekommen war und sich geschmeichelt gefühlt hatte, als der Dichter ungeschickt mit ihm zu flirten begann. Zwischen den Buchseiten steckte ein Zettel mit meiner Telefonnummer, den ich Rob vor seiner Abreise aus Martha's Vineyard gegeben hatte. Aus mir heute unerfindlichen Gründen hatte ich meinen Namen damals mit himmlischen Verzierungen versehen: Die Buchstaben waren umgeben von Mond, Sternen und einem Planeten mit Ring.

Vor unserem Kennenlernen war ein Studienfreund von Rob bei einem merkwürdigen Badeunfall ertrunken. Wann immer er davon erzählte, bemerkte ich, wie sehr ihn die Sache belastete. Die schlichte Tatsache, dass man am einen Tag mit glatter Haut und vollem Herzen mitten im Leben stehen und am anderen Tag verschwunden sein kann, ängstigte ihn. Einmal rief er mich in der Arbeit an und erzählte, dass eine Freundin in Südamerika verschollen sei und man befürchte, sie sei beim Schwimmen im Fluss von Krokodilen gefressen worden. Tage später fand man ihre Leiche im Fluss. Dass sie intakt war, tröstete die Familie nicht. Um diese Zeit fand noch ein Begräbnis statt: Ein Bekannter, der gern feierte und Pillen nahm, war der endlosen Nächte und euphorischen Rhythmen irgendwann müde geworden und hatte sich das Leben genommen. Drei Freunde, alle mit ihm verbunden durch die Clique aus dem College. Das fiel den Leuten auf, und manche redeten darüber. Auch Rob sprach davon, oft spätnachts, ängstlich und traurig und auf der Suche nach dem Warum.

Nur wenige Menschen beginnen eine Beziehung mit einer genauen Vorstellung davon, was sie ihnen geben soll. Manches wissen wir erst, wenn wir es zulassen. Rob war klug und lustig und kreativ. Er hatte viele Talente, musste sich aber erst noch selbst kennenlernen. Wir hatten viele großartige Tage und Nächte, in denen wir uns unterhielten, im Bett lagen oder auf Partys gingen, aber nach unserem ersten Jahrestag wusste ich irgendwie, dass unsere Beziehung nicht viel länger halten würde. Wir stritten häufiger, und die Distanz zwischen uns wurde größer. Nach zwei Jahren trennten wir uns, blieben aber gute Freunde und tauschten weiterhin Platten und Geschichten.

Seine Jugend empfand sogar er selbst als Plage. Die vorherrschenden Stimmungen in seinem Leben widersprachen einander: Er begeisterte sich zwar für bestimmte Dinge – Musik, Menschen, Schreiben –, doch diese Begeisterung wurde von einer Art selbstgerechten Apathie begleitet. Dublin passte nicht zu ihm. Es war zu klein – zwar nicht so klein wie Martha's Vineyard, aber er sehnte sich nach dem Horizont. Alles geschah weit weg, und er wollte an einem – irgendeinem – anderen Ort sein. Ein paar Monate, nachdem wir Schluss gemacht hatten, ging er nach San Francisco, wo er sich mit seinem Freund S. eine Wohnung teilte. Rob hatte vier Tage vor mir Geburtstag. In jenem Jahr erhielt ich eine Karte, auf der John Coltrane als Heiliger zu sehen war.

Und wieder kam ein Herbst. Rob und S. kehrten aus San Francisco zurück und zogen gemeinsam in eine Wohnung in Dublin. S. war Komponist, Produzent und mochte alte Synthesizer. Unsere Freundeskreise überschnitten sich wieder. Wir sahen uns abends oder auf Partys und verstanden uns gut. Das Jahr fühlte sich für alle von uns an, als strebe es auf etwas zu. Rob hatte eine neue Freundin und überlegte, nach San Francisco zurückzugehen. S. und ich waren aneinander interessiert, fürchteten aber, die ineinander verflochtenen Freundschaften zu gefährden. Vorsichtig vertraute ich Rob an, wie sehr ich S. mochte und dass ich mir mehr mit ihm vorstellen könnte. Rob konnte schon immer ziemlich gemein sein, und manchmal kam an ihm ein bösartiger Zug zum Vorschein, der sich auch in diesem Moment zeigte. Seine Antwort werde ich nie vergessen: »Das würde nicht klappen. Ihr beiden passt nicht zusammen.«

Ich wusste, dass er falschlag. Ich spürte es mit jeder

Körperzelle. Und doch war ich, während ich S. langsam näherkam, keineswegs selbstsicher. Es gab viele Beinahesituationen, wenn wir abends mit anderen unterwegs waren und sich die Stimmung zwischen uns änderte, nur um schnell wieder auf sicheres Terrain zurückzukehren: Wenn das Gespräch in eine gewisse Richtung ging oder wir zu dicht zusammenrückten, zogen wir uns in neutralere Bereiche zurück oder sprachen von unserem gemeinsamen Freund.

Nach Monaten in dieser komplizierten Situation kamen S. und ich an einem Donnerstag im Sommer endlich zusammen. Wir redeten den ganzen Tag und die ganze Nacht, pausenlos, nicht zu stoppen. Wenn nur jeder eine Nacht wie diese erleben dürfte! Am nächsten Morgen waren S. und ich kaum einen Tag ein Paar, aber etwas hatte sich geändert. Für dieses Gefühl gab es keine andere Grundlage als jene, die allen nur wenige Stunden alten Dinge innewohnt. Es beginnt mit Kraft und Glückseligkeit, und plötzlich sieht die Welt anders aus. Wir verabschiedeten uns widerwillig. Er musste an jenem Wochenende zu einer Familienfeier außerhalb der Stadt.

Am Samstag arbeite ich auf einem Musikfestival. Mit S. habe ich lose vereinbart, dass wir uns nach seiner Rückkehr treffen. Tagsüber führe ich Interviews mit Bands und bahne mir Wege durch die Menge. Ich denke den ganzen Tag nur an S. Ich rufe bei seiner Familie an, die sechzig Kilometer entfernt lebt, um Pläne für den Abend zu machen. Der Abend erstreckt sich vor mir, das letzte Blau des Tages verwandelt sich in Schwarz. Ich spüre etwas, das ich schon lange nicht mehr empfunden habe: eine

Art Elektrizität, die durch meine Knochen strömt. Die Sehnsucht nach jemandem. Wie ist das passiert?, frage ich mich. Jemand reicht mir ein Bier. Ein Kollege holt an einem Stand etwas für uns zu essen. Ich bin zufrieden; das Jahr scheint sich selbst gefunden zu haben und die vor mir liegenden Wochen sind eine Straße ins Unbekannte. Bei seinen Eltern klingelt das Telefon. Ein Lächeln macht mein Gesicht weich. Ich überlege, was ich sagen, wie ich mich geben soll. Das Festival um mich herum verschwimmt. Ein Mann, der genau wie S. klingt, nimmt ab. Sein Bruder sagt, er sei früher als erwartet in die Stadt zurückgefahren. Ich weiß, dass S. kein Mobiltelefon hat, also frage ich seinen Bruder, wie ich ihn erreichen kann. Ich fürchte, wir könnten einander verpassen.

»Er sollte eigentlich hier sein, musste aber früher nach Dublin zurück.«

»Ah, okay. Wir wollten uns später treffen, und ich hatte versprochen anzurufen. Wo wollte er denn hin? Vielleicht kann ich …«

»Ein Freund von ihm hatte einen Unfall.«

»Oh nein! Was ist passiert?«

»Ich weiß nicht genau, das kam alles etwas plötzlich.«

»Welcher Freund?«

»Kennst du einen Typen namens Rob …?«

Wir sitzen in der ältesten
Achterbahn der Welt.
Das Holz knarzt, also
verbergen wir kichernd unsere Angst
und die blauen Flecken,
die bald auftauchen werden.

Ich weiß nicht, warum ich nach dem Freund gefragt habe, aber ich hatte bereits ein ungutes Gefühl. Das Gespräch geht weiter, Satz um Satz fällt, mein Herz schlägt immer schneller. Ich stehe mitten auf einer Festivalwiese und telefoniere mit einem Menschen, dem ich noch nie begegnet bin. Noch nie wollte ich ein Gespräch so sehr verdrängen wie dieses, aber ich erinnere mich an jedes Wort:

»Was? Ist er im Krankenhaus?«

Ich spreche jetzt schneller.

»Es tut mir wirklich leid …«

Ich habe wirklich keine Ahnung, was jetzt kommt.

»Was ist passiert?«

Das Davor.

»Es tut mir leid. Er ist tot.«

Das kann nicht sein.

Wie fügt man Worte in der richtigen Reihenfolge zusammen, wenn man weiß, dass sie nie angemessen sein werden? Dass sie ein schwacher Abglanz dessen sind, was man in diesem Moment fühlt. Die Welt wird zu einer düsteren Halluzination. Ich lasse das Bier fallen. Inmitten einer Wiese voll fremder Menschen beende ich das Gespräch irgendwie und brülle in die Dunkelheit. Primitive Schreie. Ich rufe meine Eltern an. Meine Mutter erzählte später, sie glaubte, ich würde angegriffen. Und es fühlte sich auch so an. Ich wurde von fürchterlichen Worten attackiert und zuckte schockiert zurück. Jemand fährt mich zurück in die Stadt, und schließlich finde ich S. und den Freund, der bei Rob war, als er starb. Ich kann mich an diese Nacht nur schemenhaft erinnern. Die Ereignisse schälten sich langsam aus Schluchzern und langem Schweigen heraus. Schreckliche, sinnlose Einzelheiten treten zutage. Die Geschichte zeugt von so viel Pech, dass sie kaum zu glauben ist. Rob begleitete eine Freundin, die eine neue Wohnung besichtigen wollte. Daneben war ein geteertes Flachdach. Rob kletterte hinaus, er fand es perfekt für seine Turntables und für Sommerpartys. Das Dach gab nach, und er fiel in die Ruine darunter. Im Fall schlug er sich den Kopf an. Die entsetzte Freundin versuchte, ihm hinterherzuklettern, und begab sich dabei selbst in Gefahr. Als sie ihn sah, war ihr sofort klar, dass er tot war. Unsere kollektive Trauer ist grenzenlos, aber für sie ist die bildliche Erinnerung an diesen Moment eine grausame zusätzliche Last.

Welche Kunstwerke haben wir uns angesehen?
Picasso, Pollock, Georgia O'Keeffe,
den Tempel von Dendur.
Ich kaufte eine Postkarte,
neun Jackies oder Marilyn.
Unser Gastgeber ist jetzt mit einer Frau verheiratet,
die Warhol schon einmal begegnet ist.

Nie zuvor in meinem Leben habe ich eine solche Nacht erlebt. Sie war elliptisch und seltsam. Die Minuten wollten nicht vergehen, Menschen versuchten, etwas Trost zu spenden, obgleich sie selbst untröstlich waren. Irgendwann gehe ich nach Hause. Die Zimmer fühlen sich wie fremde Orte an. Ich bin erschöpft, aber aufgedreht, und kann nicht richtig schlafen. Ich döse ein und wache tränenüberströmt auf. Das passiert oft. Ich weine auch in anderen Situationen plötzlich los – unter der Dusche, beim Versuch zu essen, im Bus. Ich kann die Brüche und irreparablen Schäden in unser aller Leben spüren. S. musste die Aufgabe übernehmen, Robs Eltern zu kontaktieren, und hat diesen Anruf nie verwunden.

Im Fez in New York
spielt die Mingus Big Band
ein haitianisches Kampflied.
Zufällig setzen wir uns an einen Tisch,
der reserviert war für
Sue Mingus, und
werden gebeten, uns umzusetzen.

Am letzten Tag seines Lebens stand Rob erst um fünf Uhr nachmittags auf. Dieses Detail habe ich nie vergessen. Hätte er etwas anders gemacht, wenn er gewusst hätte, dass dies sein letzter Tag auf Erden werden würde? Er konnte es nicht wissen, aber während er sich unter der Decke vergrub, lief auf seiner Lebensuhr der Countdown.

In Queens leben wir zusammen,
kümmern uns um eine widerspenstige Katze,
trinken Sam Adams
mit einem Mathelehrer
aus der Bronx.

Meine Eltern, S. und ich besuchen Robs Familie. Ihr Leid ist enorm und erschreckend. Alle sind wie betäubt, schreien stumm und kochen endlos Tee. Trauer bedeutet Fassungslosigkeit. Trauer bedeutet, von einem zum anderen zu gehen und mit entfernten Verwandten zu sprechen. Trauer bedeutet ständige Kopfschmerzen und

Magenkrämpfe. Trauer bedeutet, dass die Zeit nur langsam verstreicht und man Fremde auf der Straße anstarrt und denkt: Wie kannst du tun, als sei nichts geschehen? Trauer bedeutet, wütend zu sein, dass die Sonne noch am Himmel strahlt. Wir warten darauf, dass das Bestattungsinstitut Robs Leichnam bringt. Er wird in Robs Elternhaus aufgebahrt werden.

In einem Club in Boston spielen Tricky.
Du tanzt auf einem Podium, um mich zu
beeindrucken.
Danach rauchen wir auf der Straße.
Wir atmen amerikanische Nachtluft aus,
die das Blitzen einer Messerklinge birgt.

Aus irgendeinem Grund rechne ich damit, dass er oben im Bett liegt und sich erholt wie ein Rekonvaleszenter, der gerade aus dem Krankenhaus oder einem Krieg heimgekehrt ist und jetzt mit Grippe oder verletzten Gliedmaßen daliegt. Irgendjemand führt mich durch den Flur, ich wende mich nach rechts, und da ist er. (Zu schnell, denke ich und wünsche, ich hätte zur Vorbereitung die Treppe hinaufsteigen können.) Meine Beine geben nach; meine Mutter stützt mich. Ich höre ein entsetzliches Geräusch. Alle werden ganz still und sehen mich an. Erst nach einem Moment merke ich, dass das Geräusch von mir stammt. Meine Mutter drückt mir die Hand; sie will, dass ich mich zusammenreiße. Ich weiß nicht, was ich sonst tun soll, wie ich mich benehmen soll.

Nächtliches Schwimmen in der Bucht,
unter uns Biolumineszenz,
du kannst nicht schwimmen,
gehst aber hinein.
Das schwarze Wasser
erleuchtet.

Der Bestatter hat ihm sein Lieblingsshirt angezogen, das er in jenem heißen Sommer in San Francisco gekauft hat, als er als Bedienung jobbte. Darunter trägt er ein braunes T-Shirt, das ich ihm geschenkt habe. Die oberen Serifen des »N« von VINYL RULES sind zu sehen. Das gerüschte Seidenimitat, mit dem der Sarg ausgelegt ist, berührt seinen Körper. Im ganzen Raum sind Fotos verteilt: ein lächelndes Kind mit Speckbäckchen, ein schlecht gelaunter Teenager auf einem Gruppenfoto, ein Sommerbild mit blondierten Haaren. Dieser Zeitstrahl ist nun abgebrochen, so plötzlich wie ein Pfeil.

Er liegt mit geschlossenen Augen da. Er sieht aus wie immer, nur eben schlafend.

Lange Beine, Jungshüften, glatte Haare.

Rob.

Doch es ist eine unheimliche Version des Mannes, den ich kannte. Seine Schulter … verrät ihn. Ich streiche über das Gelenk, aber es fühlt sich anders an. Ich kenne die gebogene Form dieses Schlüsselbeins, den knöchernen Hügel, der nun seltsam herausragt und bestimmt gebrochen ist. Ich ziehe meine Hand weg, als hätte ich mich verbrannt. Der Bruch in seinem Körper schockiert mich. Man hat sich Mühe gegeben, ihn symmetrisch und ganz aussehen zu lassen, doch jetzt bemerke ich die Watte in seinem Nacken, die eine Art zu kleines Kissen bildet. Alles daran ist unnatürlich.

Es riecht nach Formaldehyd und Lilien, deren schwere Süße durch die Sommerhitze verstärkt wird. In dieser Nacht gehen die Leute im Aufbahrungsraum ein und aus und setzen sich zu Rob. Im Tod wird man so genau beobachtet. Unsere Gesichter und Körper werden anders betrachtet als im Leben. Falten, Sommersprossen, die Form der Nägel. Dinge, die wir nicht bemerken, wenn jemand noch hier ist. Menschen murmeln Gebete, unterhalten sich leise, es wird viel Whiskey getrunken.

Wegen der Beastie Boys
suchen wir nach Paul's Boutique,
obwohl wir wissen, dass Ludlow
gentrifiziert wurde. Du gibst
in den ersten zwei Tagen
all dein Geld für Platten aus.

Wie immer auf Begräbnissen gibt es viel zu organisieren und zu entscheiden. Musik war Robs Leidenschaft. Sein Geschmack war breit und unfehlbar: Fela Kuti, Zappa, Techno, Ninja Tune, Orbital, Funkadelic. Er besaß den Soundtrack zur Muppet Show und die Aufnahmen vom Besuch Papst Johannes Pauls II. in Irland. Von Rows of 7s über Michael Jackson bis zu Northern Soul. Wie sollten wir ihm mit einer Handvoll Songs gerecht werden? Ein Priester kommt, um die Beerdigung zu besprechen. Rob hätte es gehasst, dass ein Mann, der ihn nie richtig gekannt hat, sich mit frommer Sorglosigkeit Notizen für eine bedeutungslose Totenrede macht. Robs Vater führt uns in einen kleinen Raum abseits der anderen Trauernden. Wir fangen an, machen Vorschläge, und Robs Vater spielt einen Song von Bob Dylan, nach dem Rob benannt war. Sein Vater ist am Boden zerstört, und der Song ist kaum lauter als sein leises Weinen. Danach danken wir ihm für das Lied, aber der Priester ist dagegen. Dieser Mann, der nichts von uns und unseren Gefühlen weiß, hat seine Entscheidung getroffen. Noch heute, Jahre später, kommt mir das herzlos vor, und ich verstehe die Begründung nicht. S. hält meine Hand und bedeutet mir mit einem warnenden Blick, nichts zu sagen. Dafür war nicht die Zeit noch der Ort, aber dass der Priester über unsere Trauer Aufsicht führte, war einfach zu viel. Es unterstrich allzu deutlich den institutionellen Mangel an Mitgefühl, an dem die Kirche krankt.

An einem anderen Abend zeigt unsere
kaputte Kamera
nur dich und mich
auf dem Dach unseres Gastgebers.
In dem elektrischen Licht der Stadt
ist das World Trade Center
nicht fotogen, immun.
Jetzt sind sie weg, so wie du.
Das Foto ist voller Gespenster.

Als Rob und ich ein Paar waren, entdeckten wir viele musikalische Gemeinsamkeiten. Eine war Nick Cave. In den ersten Monaten kaufte er mir *The Boatman's Call.* Wir hörten das Album rauf und runter, wenn wir den Tag im Bett verbrachten oder mit dem Bus nach Galway fuhren und uns einen Kopfhörer teilten. Es war eines der vielen Alben, die den Soundtrack unserer Beziehung bildeten. Unter den Eröffnungssongs der Geschichte der Alben nimmt »Into My Arms« einen besonderen Platz ein. Der flehende Refrain, der die geliebte Person in Sicherheit wissen will, wäre auch für einen Gottesdienst geeignet. Rob liebte diesen Song, der auf das Erhabene und Religiöse anspielt. Ich betrachte den Priester, erinnere mich an seine abweisende Haltung von zuvor und weiß, dass er den Kontext des Songs nicht gutheißen wird. Dass er nicht hören will, was ihn für uns besonders machte. Dass er ihn ablehnen wird. Was soll ich tun, was soll ich tun?

Jemand drückt Play, und nach dem einsamen Piano ertönt Caves dunkle Stimme:

I don't believe in an interventionist God
But I know, darling, that you do.

Wir sitzen erwartungsvoll im Kreis. Nach fünf Noten weiß ich, dass ich diesem Mann, der uns und unserer Trauer fremd ist, nicht erlauben werde, den Song abzulehnen. Also denke ich schnell und handle entsprechend. Ich täusche einen Hustenanfall vor wie eine an Tuberkulose erkrankte Dame aus dem viktorianischen Zeitalter, sodass diese beiden großartigen Zeilen nicht zu hören sind. Nicks Stimme erfüllt den Raum mit einem Song, der sich gegen Intervention ausspricht und dafür, »not to touch a hair on your head«. Ich denke an Robs Kopf, im Nebenzimmer, mit der offenen Wunde und dem blutverklebten Haar an der Stelle, an der er im Fall auf den Stahlträger aufschlug.

Du stehst an einer Ecke,
ein fleischgewordener Wolkenkratzer.
Die gelben Taxis hupen,
und du fühlst dich wie zu Hause.

Am Abend ist im Haus Ruhe eingekehrt. Nur die obligatorischen engen Freunde, Verwandten und Nachbarn sind noch hier. Zum einzigen Mal an jenem Abend bin ich allein im Raum. Ich stehe am Sarg und sehe ihn an. Sein neugieriges Gesicht, seine Problemhaut, sein Lispelmund, sein langer Körper wie ein regloser Bindestrich. Jemand lehnt sich an meinen Rücken, und ich drehe mich um, um Trost zu spenden, doch der Raum ist leer. Es fühlt sich so real an wie das Gewicht einer Person. Ich habe keine Erklärung dafür. In den folgenden Wochen geschieht das noch zwei Mal, während ich allein bin, und ein weiteres Mal bei einem Auftritt von Lee Scratch Perry. Ein paar von uns gehen abends zusammen aus, als Rob vier Wochen tot ist. Die Kneipe ist halbvoll. S. ist an der Bar. Ich stehe etwas abseits und spüre, wie sich jemand schwer an mich lehnt. Alle anderen Personen sind mindestens anderthalb Meter von mir entfernt. Nach diesem Abend habe ich das Gefühl nie wieder. Jahre später erzählt mir ein nerviger Arbeitskollege, ich hätte »ein Talent für frisch Verstorbene«. Ein beunruhigendes Erbe meiner Großmutter und Urgroßmutter, das ich skeptisch betrachte und nur leicht widerwillig annehme.

In einer Bar downtown
macht das Blitzlicht einen Kreis
im Spiegel.

Es ist das einzige Foto von dir,
auf dem du betrunken aussiehst
– aber so glücklich.

Der letzte Tag, an dem ich Rob lebend sah, war mein Geburtstag, vier Tage nach seinem eigenen. Ein paar Freunde, darunter auch S., hatten seinen vierundzwanzigsten Geburtstag mit ihm gefeiert und in einem japanischen Restaurant auf die Zukunft angestoßen. Keiner von uns konnte wissen, dass wir uns zwei Wochen später auf Robs Beerdigung wiedersehen würden und dass dabei – unpassenderweise – die Sonne scheinen würde. Dass wir mit seiner Familie Anekdoten austauschen und Bier trinken würden. Wenn jemand unerwartet stirbt, denke ich immer an das, was diese Person eine Woche zuvor zur gleichen Zeit getan hat. Und was sie anders gemacht hätte, wenn sie es gewusst hätte: jemandem eine Liebeserklärung gemacht, Schamanendrogen genommen, eine Fantasie in die Tat umgesetzt, ein anderes Land bereist? Ein Unfalltod folgt keinem Zeitplan: An dem einen Dienstag arbeitet, schläft, lacht man. Am nächsten Dienstag liegt man unter drei Metern Erde begraben.

Wie hättest du alles, was du tun wolltest, mit vierundzwanzig getan haben können?
Die Tür schließt sich, das Licht ist aus, es ist so traurig.
Doch sag mir, gab es Momente, Sommerhimmel,
Vogelgezwitscher, ein letztes Lied auf einer Party,
die dein Herz jauchzen ließen? War das genug?

Schon vor Robs Tod war ich mir meiner Gefühle für S. sicher. Ich war sicher, dass wir zusammen sein würden. Der Schock brachte uns einander noch näher, und wir sind seitdem ein Paar. Die ersten Monate waren intensiv und elektrisch, aber durch den Verlust getrübt. So sehr wir uns auch gegen die Geschichte unseres Kennenlernens wehren und so traurig sie auch ist – sie ist unsere Geschichte. Das Neue, das entstand, hat die Zeit überdauert. Ohne unseren geliebten Freund wäre es nie dazu gekommen. Unser Sohn trägt Robs zweiten Vornamen, und wir erzählen unseren Kindern von ihm. Ich spreche regelmäßig mit seiner ältesten Schwester, die bei seinem Tod noch ein Teenager war. Die Welt dreht sich weiter, und ein weiteres Jahr ohne Rob vergeht. Die Orte, die er nie besucht hat, die Schwestern, die er nie aufwachsen sah. Bis zu dem katastrophalen Sturz war sein Körper widerstandsfähig. Unser aller Leben ging weiter, aber seines war beendet, vorbei in einem Augenblick. Vielleicht gibt es ein alternatives Ende: ein Parallelleben, er ist geflohen und nicht tot, sondern einfach woanders. Ich stelle mir vor, dass er wieder in San Francisco ist, Affären hat, Musik macht und rauchend auf einer Feuertreppe steht. Ich sehe, wie sich seine lange Wirbelsäule mühelos durch Haight-Ashbury bewegt, die Hügel hinauf und hinab, sich unter der Bay Bridge duckt und aus dem Lichtschein der Stadt verschwindet.

DIE ATOMARE NATUR VON TRIMESTERN

Es ist eine allgemein anerkannte Wahrheit, dass eine Frau im Besitz eines Uterus und eines angemessenen Eizellenvorrats sich nichts mehr wünschen kann als ein Kind. Wir Frauen wissen das. Die Vorgabe, jede von uns müsse Babys produzieren oder Babys wollen, ist älter als die wundersame Geburt Jesu durch die Jungfrau Maria (die ohne das dazu nötige Ficken auskam). Der Drang zur Fortpflanzung und Ausbreitung ist so zufällig wie jeder andere Akt des freien Willens, wurde den Frauen aber aufgezwungen – wie so viele andere Ideale weiblicher Vollkommenheit. Sei dünn! Sei schön! Sei schwanger! Das gesamte Konzept basiert auf der Vorstellung der Biologie als Schicksal, als sei das Muttersein der Höhepunkt des Frauseins. Aber nicht jede will Mutter werden. Nicht jede Frau hat eine Gebärmutter, kann schwanger werden oder hat direkten Zugang zu männlichem Samen. Die Vorstellungen, was weibliche Körper sind, sein sollten oder tun können, haben sich weiterentwickelt, aber die Erwartung, dass sie sich irgendwann für das Muttersein entscheiden, besteht fort.

Es gibt viele schreckliche Bezeichnungen für Frauen. Sie bilden einen eigenen, giftigen Abschnitt im Glossar der Beleidigungen für Frauen. Wir wissen, dass diese Worte bevorzugte Beleidigungen sind. Ihre Genitaletymologie soll Frauen an ihre Funktion und ihren Wert im Verhältnis zu Männern erinnern.

Unmütterlich. Das »Un« bezeichnet die Abweichung. Un-etwas sein heißt, das Gegenteil zu sein, davon abzuweichen: »Un« ist unnatürlich. »Kinderlos« ist auch so ein Wort. Frauen, die sich – glücklich und ohne belastende Gedanken – gegen die Fortpflanzung entscheiden, werden als ungeliebte Einzelgängerinnen dargestellt. Oder als selbstbezogene Harpyien. Als kahlköpfige, wie von Roald Dahl erdachte Monster, die Kinder lieber quälen, statt sie zu bekommen. Als Frauen, die weniger wert sind – als sei der einzige Weg, Fürsorge und Zuneigung auszudrücken, einen neuen Menschen zu erschaffen. Gibt man den Namen eines beliebigen weiblichen Stars in eine Suchmaschine ein, schlägt die Autovervollständigung unweigerlich das Wort »Kinder« vor. Die Botschaft, dass Mädchen fürsorglich sein müssen und emotionale Arbeit für Frauen unvermeidlich ist, wird schon früh vermittelt. Das Spiel mit Puppen, die nichts anderes als Pseudobabys sind, dient als Übergangsritual. Ich habe jede meiner Puppen umhergetragen, in den Schlaf gesungen, sie auf ihre Schmollmünder geküsst, ihre Plastikkörper gebadet und angekleidet. Eine Puppe unterzog ich einem experimentellen Haarschnitt, wonach sie aussah wie Poly Styrene von X-Ray Spex. Inmitten der Stiefelchen und Lätzchen und Minibabyfläschchen, die sich wieder füllten, wenn man sie umdrehte, muss sich mir die Mutterschaft offenbart haben. Es war kein einzelner Moment, der wie ein gefrorenes Fernsehbild vor mir stand. Aber irgendwann muss ich geglaubt haben, dass ich Mutter werden würde – vor allem weil mir der Gedanke gefiel. Irgendwann erkannte ich, dass Frauen sich tatsächlich nach dieser Erwartung zu richten hatten.

Ich bin das einzige Mädchen, das mittlere Kind zwischen zwei wundervollen Brüdern, und in der Kindheit sehnte ich mich nach einer Schwester – noch lange nachdem die fruchtbare Phase meiner Mutter vorbei war. Ich flehte und bettelte sie um ein weiteres Baby an und versprach, mich darum zu kümmern. In dem Jahrzehnt, in dem meine Brüder und ich Teenager waren, wurde nur ich täglich davor gewarnt, ja nicht schwanger zu werden. Man warnte mich vor einem ruinierten Leben, zerstörten Perspektiven und dem Schock, plötzlich mit einem Baby im Arm dazustehen.

Als meine Freundinnen und ich das Studium abgeschlossen hatten und in unseren Zwanzigern waren, war eine Schwangerschaft das Letzte, was wir wollten. Ein Baby war für uns so exotisch wie ein Albatros. Es verhinderte Träume, Jobs und Reisen. Freunde, die damals schon Kinder hatten, sind heute aus dem Gröbsten raus. Sie sind frei. Damals erschienen uns Kinder wie ein fernes Land, in dem wir vielleicht später einmal anlanden würden, um der Mutterschaft direkt ins Auge zu blicken. Wir verbrachten die Jugend auch damit, unseren Körper kennenzulernen, auf ihn zu hören, seinen Zyklen zu folgen. Ständig wurden wir vor der Schwangerschaft gewarnt, aber niemand erklärte uns, wie unser Körper eigentlich funktionierte, in welchem Zeitfenster man nicht schwanger werden konnte und wie wir mit unserer Fruchtbarkeit umgehen sollten – damals gab es noch keine Apps zu Perioden-Tracking und Ovulationstests. Das Konzept des Eisprungs als solches war uns nicht ganz klar; unsere eigene Gebärmutter schien uns rätselhaft. Erst wenn sich jemand aktiv dafür entschied, ein Kind zu bekommen, sprach man im Flüsterton über Zervixschleim und wie wichtig dieses eiweißartige Zeug war. Das Geschehen bei der Empfängnis selbst war uns nur schemenhaft klar.

Als ich jünger war, sehnte ich mich nicht nach einem Kind. Sehnsucht hatte ich nach amerikanischen Highways oder weit entfernten Zeitzonen, aber ich hob mir den Gedanken an ein Kind für später auf. Es war, als sähe ich ihn aus den Augenwinkeln, wie einen aufflatternden Vogel, den man nur als Farbblitz wahrnimmt. Selbst bei allem Wissen und aller Vorsicht erleben die meisten Frauen Momente der Angst. Tage des Wartens. Unser biologisches Leben wird von Zahlen bestimmt: Ein Zyklus dauert achtundzwanzig Tage (was in Wahrheit nur selten zutrifft), und nach zwei Wochen kann ein Schwangerschaftstest über den Urin gemacht werden. Danach gabelt sich der Weg: Wenn das Ergebnis wie gewünscht ausfällt, wartet man aufgeregt bis zur zwölften Woche, um die Neuigkeiten zu verkünden. Die zweite Möglichkeit ist eine Krise. Entsetzt rechnet man Daten nach, denkt an künftige Kosten und merkt, dass sie mit der eigenen finanziellen Situation unvereinbar sind. Bis vor Kurzem stellte sich in Irland auch noch die Frage, in ein anderes Land zu reisen, in dem es das Recht auf Abtreibung gab.

Es ist normal, dass wir unserem Körper vertrauen und davon ausgehen, dass er für diese Aufgabe bereit ist, wenn wir es sind. Leben findet in der Gegenwart statt und orientiert sich – von der Gehaltsabrechnung bis zur Periode – am Kalender. Jede Frau geht davon aus, dass sie schwanger werden kann – bis es nicht klappt. Ein Versuch, drei Versuche, und die Monate vergehen. Freunde erzählen von Nasenspray und selbst gesetzten Spritzen, von zahllosen Untersuchungen, vom fehlenden Herzschlag, von »Gehen Sie nach Hause und nehmen Sie diese Medikamente«.

Von Geburt an verfügt eine Frau über alle Eizellen, die sie je haben wird. Bevor ich ein Gerinnsel in den Lungen hatte und Schläuche in meinem Körper steckten, hatte ich darüber nie nachgedacht. Ich war achtundzwanzig Jahre alt. Der Wissenschaft zufolge befand ich mich damit in der Phase meiner größten Fruchtbarkeit, die von zwanzig bis vierunddreißig reicht. Ich stellte mir mich selbst auf einem Tron-artigen Gitternetz vor, eine Kurve auf einer mathematischen Grafik, als Oszillation. Ich hatte mich immer für verantwortungsvoll gehalten: Ich nahm die Pille und ging davon aus, dass ich noch jahrelang versuchen würde, eine Schwangerschaft zu vermeiden. Doch plötzlich ist es sechs Uhr früh an einem kalten Sonntag und noch dunkel, als der Rettungswagen kommt. Bei mir wird Blutkrebs diagnostiziert, und jemand sagt mir, dass die Chemotherapie morgen beginnt. Alles beginnt montags: die Arbeitswoche, ein Neuanfang und der Rest meines Lebens werden an einem Montag beginnen. Der Tag, von dem an ich nie wieder dieselbe sein werde, ist ein Montag. In diesen vorüberrasenden vierundzwanzig Stunden kehrt ein Gedanke immer wieder. Es ist nicht der an den Tod – den kann ich mir nicht erlauben. Ich denke an meine Eizellen. *Was wird mit meinen Eizellen geschehen?* Die Eizellen, die ich jahrelang mit künstlichem Östrogen und Progesteron bombardiert habe.

Als die Ärzte andeuten, dass ich eventuell sterben könnte, läuft die Zeit schneller und bleibt zugleich stehen. Sie wird zum wertvollen Gut. Ruhig vermittelt man mir, es sei keine Zeit, die Eizellen zu retten. Die kranken Lymphozyten in meinen Körper versuchen, die guten Oozyten zu töten. In Irland gab es damals keine Einrichtungen zum Einfrieren von Eizellen.

Als ich die schlechten Nachrichten begreife, erlebe ich eine Art inneres Vorspulen zu den Kindern, die ich nicht haben werde. Ich kann nicht an das Schreckgespenst Krebs denken, also denke ich an die Eizellen. Ich versuche zu berechnen, wie viele ich habe, wie viele durch die Jahre der Menstruation aufgebraucht sind. Ich stelle sie mir erst weiß, dann rot, dann durchsichtig vor. Ich frage mich, ob sie eiförmig oder elliptisch sind. Vielleicht Letzteres. Meine Fruchtbarkeit ist die offene Frage einer Ellipse …

Werde ich Kinder haben?

…

Bin ich unfruchtbar?

…

Wie konnte es dazu kommen?

…

Neben dem Schock und den Blutbeuteln und dem Erbrechen von etwas, das wie Blut aussieht, ist da noch etwas anderes: ein Medikament. Es ist nicht die Pille, aber eine Variation davon, die oft im Rahmen einer Hormonersatztherapie oder zur Behandlung gynäkologischer Beschwerden verwendet wird. Bei mir besteht durch ein nicht von der Pille verursachtes Gerinnsel das Risiko weiterer Gerinnsel. Der Arzt verschreibt Norethisteron. Es ähnelt dem körpereigenen Progesteron, das Gonadotropine unterdrücken kann: FSH (follikelstimulierendes Hormon) und LH (luteinisierendes Hormon) – alle Hormone, die der Körper einer Frau braucht, um ein Baby zu produzieren. Wie die Krankheit, so hat auch die Schwangerschaft ihr eigenes Vokabular. Man lernt Dinge, von deren Existenz man zuvor nichts wusste, und Begriffe, die man nicht kannte. Das Medikament kann – wie in meinem Fall – auch zur Verhinderung des Eisprungs verwendet werden sowie zur Veränderung der Gebärmutter. (Das erinnert mich an eine grelle Vorher-Nachher-Show, bei der hinter einem Vorhang eine zuvor löchrige Schleimhaut zum Vorschein kommt, die nun glatt, glänzend und schwanengleich aussieht.) Ich schlucke die Pillen, um meine Eierstöcke zu bezwingen, und ein Baby wird zum Ding der Unmöglichkeit. Beinahe ein Jahr lang habe ich keine Monatsblutung. Das ist beunruhigend. *So muss sich eine Schwangerschaft anfühlen*, denke ich und lausche den nächtlichen Geräuschen im Krankenhaus. Übelkeit, keine Periode, extreme Veränderungen des Körpers: Diese Phänomene erinnern an eine Schwangerschaft und bedeuten doch deren Gegenteil. In mir wachsen neue, fremde Zellen, sie teilen und mehren sich, sind aber kein Baby.

Nach sechs Monaten Chemotherapie und Komplikationen verkünden die Ärzte, der Krebs sei in Remission. Eine Gynäkologin überprüft meine Hormonwerte und erklärt, sie gleichen denen einer »Frau nach der Menopause«. Ihre Sekretärin ruft an, als ich gerade Auto fahre. Ich halte auf dem Standstreifen an und weine. Ich habe den Krebs überstanden und bekomme jetzt die Nachbehandlung, die aus drei verschiedenen Mitteln besteht. Eines davon ist ATRA. Das Medikament hat mein Leben gerettet und funktioniert nur bei meiner speziellen Form der Leukämie. Es ist extrem teuer. Immer wenn ich es nachbestelle, seufzt der Apotheker leise und sieht mich mitfühlend an. Die Kapseln sehen ganz gewöhnlich aus und sind in den üblichen Signalfarben Dunkelrot und Gelb gehalten. Doch in der Hülse befindet sich jede Menge teures Gift. Neben zwei weiteren Medikamenten nehme ich zwei Jahre lang alle drei Monate für einen Zeitraum von fünfzehn Tagen täglich neun Stück davon. Insgesamt schlucke ich 1 080 ATRA-Kapseln. Es hat zahlreiche Nebenwirkungen. Früher hatte ich selten Kopfschmerzen, jetzt kommen sie ständig und sind extrem stark – aufgrund »gutartiger intrakranialer Hypertension«. Meine Haut ist immer trocken und schält sich. Eine eher ungewöhnliche Nebenwirkung ist eine seltsame Form der Sehstörung. Sie könnte die Netz- oder die Hornhaut betreffen; jedenfalls erscheinen monatelang merkwürdige Formen in meinem Sehfeld.

Zwei Jahre ATRA und Nachbehandlung gehen vorbei. Einmal kommt es zu einer Komplikation aufgrund des damals in Irland geltenden drakonischen Abtreibungsgesetzes. Ich werde engmaschig auf einen potenziellen Rückfall untersucht. In der Rehabilitationsphase schien mir der Gedanke an Kinder zu kompliziert. Ein Baby war nicht mein größtes Bedürfnis, wie es etwa Eisstückchen nach einer Operation oder eine Mahlzeit nach tagelanger Krankheit sind. Wegen ATRA wurde mir stets geraten, mit einer Schwangerschaft bis mindestens ein halbes Jahr nach Abschluss der Behandlung zu warten. Ich warte länger.

Es fühlt sich an, als sei mein Körper in einem Zwischenzustand, langsam wieder gesünder, aber noch immer Teil der medizinischen Welt. Ich wäge ab, was geschehen ist und was es bedeutet. Ein langer Weg liegt vor mir, und ich weiß nicht, was noch kommt, wenn die Remission anhält. Hinsichtlich der Chance auf eine Schwangerschaft ist die Statistik gegen mich. Eines ist sicher: Nach all den Jahren, in denen ich Operationen hatte, in Wartezimmern saß und in Klinikbetten hinter Trennvorhängen lag, werde ich keine In-vitro-Fertilisation machen lassen. Ich habe genug invasive Prozeduren über mich ergehen lassen. Mein Körper braucht eine Pause. Es reicht, flüstert er. Mein Mann ist damit einverstanden, und wir beschließen nervös, es auf natürlichem Weg zu versuchen. Die Entscheidung für ein Kind sollte fröhlich sein und Spaß machen, aber uns schüchtert sie ein. Ich habe Angst, will mich selbst nicht enttäuschen, will nicht schon wieder erleben, dass mein Körper scheitert. Ich verdränge diese Sorgen.

Mein Geburtstag ist im Sommer, am Vorabend von Lúnasa, einem alten keltischen Fest, das eine gute Ernte im Herbst bewirken soll. Etwas früher im Jahr ist Imbolc, das Fest der heiligen Brigida von Kildare, die mit Fruchtbarkeit in Verbindung gebracht wird. Ich werde zweiunddreißig und bin bereit für alles, was da kommen könnte. Mutterschaft ist für mich jetzt etwas anderes:

ein Zustand, an den ich denke und den ich gleichzeitig zu ignorieren versuche. Er ist längst nicht mehr abstrakt, da er ständig über meinem Leben schwebt. Elf Wochen später zeigt der Teststreifen einen schwachen rosa Strich. Eine Illusion. Ich mache einen weiteren teureren Test mit Worten statt mit Strichen. Die Wartezeit erfüllt den Raum. Die Augen wandern vom Waschbecken zur Badewanne und zu Boden, sie versuchen, sich irgendwo festzuhalten. Das Gefühl, das ich habe, ist mir vertraut. Es ist keine freudige Erwartung oder Hoffnung, sondern das Warten auf schlechte Nachrichten.

Dann erscheint auf dem kleinen Display das Wort schwanger.

Ich kann es kaum glauben, die ganzen ersten Wochen nicht. Als hätte ich meinem Körper einen Streich gespielt und mir etwas erschlichen, das ich mir ersehnt hatte. Ich habe einen Raubüberfall durchgezogen, bin in ein Fluchtauto gesprungen, während hinter mir Alarme und Sirenen heulen.

Ich warte darauf, dass etwas Schlimmes passiert. Die Sorge, mein Körper könnte scheitern, lauert ständig an der Peripherie, wie die rotierenden Swastikas in meinen Augen. Meine Knochen und mein Blut haben Dinge getan, die sie nicht tun sollten. Ich rede mir ein, dass mein Körper an dieser für die meisten Frauen ganz einfachen Aufgabe scheitern wird. Ich kann nicht zulassen, an die Schwangerschaft zu glauben, und ich habe zu viel Angst, um jemandem davon zu erzählen.

Während in mir ein neuer Mensch wächst, unterzieht sich meine Mutter einer Krebsbehandlung. Sie erhält Chemotherapie, wird operiert und muss immer wieder ins Krankenhaus. Ich sehne mich danach, es ihr zu sagen, aber ich will sie nicht beunruhigen – oder enttäuschen, falls es nicht klappt.

Jetzt, da es geschieht, ist das Bedürfnis, Mutter zu sein, sehr stark. In den ersten Wochen würde ich alles tun, um einen guten Ausgang sicherzustellen – meinen gesamten Besitz verkaufen, einen Pakt mit dem Teufel schließen, ein Organ spenden. Und ich weiß, dass ich diesen Drang nie wieder loswerden würde, selbst wenn diese Erfahrung heute oder nächste Woche oder vor der 39. Woche enden würde. Ich könnte nicht in die Zeit vor dem Kinderwunsch zurückkehren.

In der siebten Woche besteht meine Gynäkologin auf einem frühen Ultraschall. Ich weine auf der gesamten Fahrt zum Krankenhaus. Je näher wir kommen, umso weniger will ich hineingehen. Das winzige Ding, der Zellklumpen, der rosa Streifen auf einem Test ist noch zu klein, um auf einem Beckenultraschall sichtbar zu sein. Deshalb wird ein vaginaler Ultraschall gemacht und ein Schallkopf in meine Zervix eingeführt. Auf dem Bildschirm sind Schichten und Formen zu sehen. Erst als die Ärztin lächelt und meinen Mann hereinbittet, merke ich, dass ich den Atem angehalten habe. Sie zeigt auf etwas Winziges und sagt: »Da ist Ihr Baby.« Ich erlaube mir, das Gefühl jetzt gänzlich zuzulassen, bis es mich ausfüllt. Es ist die reine, ungetrübte Freude.

Bei guten Neuigkeiten besteht das Bedürfnis, sie zu teilen, aber wir sind zu nervös, wollen das Schicksal nicht herausfordern. Mit jedem Tag gewöhnen wir uns mehr und mehr an das Gefühl, wollen, dass die Wochen endlich vorbeigehen und wissen, dass das Baby kräftiger wird. Nach den Tests kommt die Angst. Das Leben wird die vertraute Spur verlassen, und nichts wird sein wie zuvor. Was macht man mit einem so kleinen Wesen?

Am Tag des Ultraschalls betrete ich ein Krankenhaus, während meine Mutter aus einem anderen entlassen wird. Die letzten zwei Monate waren erbarmungslos, gute Neuigkeiten rar. Ende November sitzt sie zu Hause im Bett. Wir besuchen sie mit einem vorzeitigen Weihnachtsgeschenk. Ich sitze auf dem Bett und reiche ihr das verschwommene Bild, das dünne viereckige Fotopapier. Sie starrt es an und versucht zu begreifen, was es bedeutet. Dann lächelt sie und weint, macht sich Vorwürfe, weil sie es nicht erraten hat. Aber sie hat gerade viel um die Ohren. An Weihnachten werden es zwölf Wochen sein, und wir können es Freunden erzählen.

Die Wochen verstreichen. Abgesehen von einer teuflischen Morgenübelkeit, die erst verschwindet, wenn ich etwas esse, ist mir nicht schlecht. Manchmal befällt mich extreme Müdigkeit, als hätte mir jemand einen Ziegelstein auf den Kopf geschlagen. Ich habe Lust auf Süßigkeiten, backe blechweise Brownies und esse sie schneller auf, als ich neue backen kann. Ich spüre die ersten Tritte und denke an einen Fisch in einer Glaskugel. Ich trete im Fernsehen auf, und die Mutter einer Freundin sagt wie nebenbei: »Sogar deine Finger sahen fett aus.« Selbst Fremde haben eine Meinung zu einem schwangeren Körper: ob die Form riesig oder passend ist, ob es ein Junge oder Mädchen ist, ob die Brüste stärker hängen, ob das Haar glänzender aussieht oder ob die Frau »strahlt«. Jeder schüttelt besorgt den Kopf und sagt: »Du überanstrengst dich.« Menschen, die einen überhaupt nicht näher kennen, legen einem die Hände auf den Bauch und merken gar nicht, wie aufdringlich das ist. Der schwangere Körper gehört nicht nur seiner Besitzerin. Wer einen neuen Menschen in sich trägt, wird Allgemeingut. Die Welt – in Gestalt von Ärzten, freundlichen Nachbarn, Frauen in der Warteschlange an der Kasse – glaubt, ein Anrecht auf eine Meinung zu haben.

Die Monate reihen sich aneinander, ohne dass etwas Beunruhigendes geschieht. Die regelmäßigen Ultraschalluntersuchungen sind unauffällig. Bei einer dieser Untersuchungen in der 26. Woche wird aus Versehen das Geschlecht verraten, aber ich wusste schon, dass es ein Junge ist. Ich habe gelernt, mich nicht auf meinen Körper zu verlassen, aber er tut alles, was er soll – bis zum Schluss. Drei Wochen vor dem geplanten Kaiserschnitt habe ich einen Termin bei meiner Ärztin. Auf dem Rückweg zum Auto bekomme ich starke Schmerzen im unteren Rückenbereich. Statt mich hinzulegen, fahre ich zu einem Baumarkt und kaufe in einem Anfall von Nestbautrieb Regale und Farbe. Der Schmerz ist noch da und durchströmt mich wie Schockwellen. Angesichts der schmerzenden Wirbelsäule rufe ich mir ins Gedächtnis, dass dieser Junge erst in zwanzig Tagen auf die Welt kommen soll. Abends bringt mein Mann mich zum Lachen, und da passiert es. Fruchtwasser strömt aus mir heraus, und ich hinterlasse eine nasse Spur auf der Treppe. Wir wissen, dass unser Sohn unterwegs ist, stürmen los und vergessen die Krankenhaustasche.

Von der durch Lachen geplatzten Fruchtblase bis zur Geburt dauert es weniger als drei Stunden. Dann ist er da. Sein Schrei beim Austritt aus meinem Körper ist das echteste Geräusch, das ich je gehört habe. Eine einzigartige Note, ein Gesang von ihm zu mir. Die Überraschung übersteigt die Dankbarkeit und diese die Erleichterung. In den Stunden nach der Geburt meines Sohnes erbreche ich alle Opiate, die man mir verabreicht, und kann nicht aufhören, diesen kleinen Jungen anzusehen. Das Pulsieren seiner Fontanelle, das Rosa seiner perfekt geformten Gliedmaßen. Seine Hände sind zusammengeballt wie Geheimnisse. Ich tue, was jede Mutter tut und seit jeher getan hat. Ich bade im Neuartigen, nie Dagewesenen. Er ist jetzt hier, wie die Morgendämmerung, und ich bin jetzt jemandes Mutter. Die Medikamente lassen mich zwischen Übelkeit und Erschöpfung schwanken, aber ich schließe die Augen nicht, weil ich keine Minute seiner Existenz verpassen will.

In seinen ersten Lebenstagen untersucht jemand seine Hüften. Die altbekannte Unruhe, das Warten auf das erlösende »Alles in Ordnung«, kommt mir in seinem Fall noch länger vor als sonst. Mir wird klar, dass das immer so sein wird. Mein Becken, das schon zu häufig operiert, angebohrt und abgeschliffen wurde, hat eine Schwangerschaft gemeistert. Es hält bis ins folgende Jahr. Als mein Sohn neun Monate alt ist – so alt wie eine Schwangerschaft dauert –, krabbeln kann und neugierig nach allem greift, sitze ich wieder im Badezimmer und lese das gleiche schwarze Wort auf einem kleinen Plastikdisplay. Das war nicht geplant. Ich bin schockiert und gleichzeitig glücklich. Es ist schwer zu glauben, dass mein Körper sich erholt hat. Nach allem, was ich ihm abverlangt habe, hat er reagiert. An ein und demselben Nachmittag vergieße ich erst Tränen des Schocks, empfinde dann pures Glück und spüre schließlich die vertraute Angst. Zwei Babys in zwei Jahren. *Bitte bleib, bitte sei gesund,* sage ich.

Kein Baby ist wie das andere. Das Gleiche gilt für Schwangerschaften. Ich bin nur ein knappes Jahr älter, aber die Gynäkologin rät zur Nackenfaltenmessung, die zu einem weiteren Test führt. Ich bin in der 15. Woche, liege auf einem OP-Tisch, und ein Mann sticht eine gigantische Nadel in meinen Bauch. Die Prozedur hat ein einprozentiges Risiko einer Fehlgeburt. Es fühlt sich an wie eine Szene aus einem Horrorfilm. Es ist, als sei ich in einem dissoziativen Zustand und sähe mir selbst dabei zu. Auf die Resultate warte ich zwei lange Wochen. Die ganze Zeit habe ich Angst, selbst auf der Geburtstagsparty für meinen nun einjährigen Sohn. Lächelnd verteile ich Kuchen. Ein Anruf bestätigt endlich, dass alles in Ordnung ist. Weil es bei dem Test um die Chromosomen ging, frage ich nach dem Geschlecht. Papierrascheln, die Stimme klingt gedämpft, weil der Hörer zwischen Kinn und Schulter geklemmt wird. *Es ist ein Mädchen.* Schwanger sein an sich ist schon ein Wunder. Ich habe nie das eine oder andere Geschlecht bevorzugt. Zwei Jungen wären in Ordnung gewesen. Aber sie wird eine Sie. Ein Mädchen. Unsere Tochter.

Alles läuft wie in meiner ersten Schwangerschaft, bis ich Schmerzen im Becken und in den Wirbeln spüre. Sie setzen sich in meinen Knochen fest. Nach beinahe zwei Jahrzehnten gewöhne ich mich wieder an Krücken und humpele regelmäßig zur Physiotherapie in der Frauenklinik. Die Physiotherapeutin ist mitfühlend, muss aber immer fester drücken, um die Knoten zu lösen, die sich um die geborstene Hülle meiner Hüfte bilden. Ich mache mit und weine stumm, wie Frauen es in Krankenhäusern eben tun, während sie tief in meine Muskeln drückt. Noch Tage später sind dunkle, wütende Hämatome zu sehen.

Während der Schwangerschaft ist der Körper ein Gefäß aus Knorpel, Sehnen und den Schichten der Gebärmutter. Das Corpus (wieder eine religiöse Konnotation), der eigentliche Körper der Gebärmutter, trägt die zerbrechliche Last wie ein Kahn, der Meerengen durchquert. Salz auf der Haut, Salzlösung in den Adern. Diese Schwangerschaft kommt immer mehr dem Ertrinken gleich. Meine Lungen sind kaputte Segel, die sich nicht mit Luft füllen. Sie hängen, statt sich aufzublähen. Die Ärzte vermuten eine Schädigung des Herzens durch die vorausgegangene Chemotherapie, aber die Tests mit all den Kabeln, Bildschirmen und Messungen ergeben nichts Eindeutiges. Eindeutige Beweis für diese Schwangerschaft sind nur die wöchentlichen Fotos meines wachsenden Bauchs, die mein Mann aufnimmt. Der gedeihende Bauch steht im Widerspruch zu meiner zerfallenden Hüfte. Wenn ich heute überhaupt noch an diese Schwangerschaft denke, fällt mir kein Moment ohne Schmerzen und Physiotherapie ein, ohne das Bedürfnis nach Orangen und Zitrus, ohne brennenden Reflux, ohne Kissen unter meinen Gelenken in schlaflosen Nächten. Diese Monate konnte ich nur durchhalten, nicht genießen. Nie waren mir der Kalender, das Verstreichen der Tage und das Beobachten der Uhr bewusster.

Die Schmerzen begannen an einem Sonntag. Als sie nicht mehr aufhörten, fuhren wir ins Krankenhaus. »Sie haben keine Wehen«, sagte man mir dort. Aber ich kannte Wehen schon von der Schwangerschaft mit meinem Sohn und wusste es besser. Kurzzeitig habe ich wieder das Gefühl, mich für meinen eigenen Gesundheitszustand rechtfertigen zu müssen. Schließlich nimmt man mich doch stationär auf. In meinem Zimmer liegen fünf andere Patientinnen. Eine junge Frau, vielleicht noch Teenager, ist extrem dünn, und ihr Bauch wirkt wie ein überdimensionierter Kessel. Eine ältere Frau hat mehrere Kinder, eine junge lettische Frau hält am Telefon einen endlosen Monolog und erinnert mich an die Taxifahrer in New York, die eine ganze Fahrt lang über Bluetooth mit jemandem auf der anderen Seite der Erde telefonieren.

Es wird Abend. Ich rolle mich auf dem Bett hin und her und kralle mich im Laken fest. Mein Mann holt eine Schwester, aber diese beharrt darauf: »Sie haben keine Wehen.« Ich versuche, mich abzulenken, und überlege:

Wie sieht dein Gesicht aus?

Ich bin noch nicht geboren, tröste mich.

Zwischen den Kontraktionen spreche ich mit meiner Tochter: Ich bin hier. Du wirst auch bald hier sein. Ich kann es kaum erwarten, dich kennenzulernen.

Später piepsen die sechs Messgeräte in der Dunkelheit, als unterhielten sie sich. Eine schreiende Frau wird aus dem Zimmer gebracht, und ich weiß, dass ich in dieser Nacht nicht schlafen werde. Gegen Mitternacht werden die Schmerzen stärker. Erleichterung bringt nur das Hin-und-hergehen auf den Fluren, gestützt gegen die Wände. Krankenhäuser sind Orte der Einsamkeit. Ungeachtet der ständigen Geschäftigkeit und des Lärms kann man sich leicht sehr allein fühlen. Nachts, wenn die

Tageskliniken geschlossen und die Besucher fort sind, ist es noch schlimmer. Auf meinen Spaziergängen, die von Schreien, Stöhnen, klickenden Monitoren und tropfenden Infusionen untermalt werden, begegnet mir niemand. Hinter manchen Vorhängen leuchtet das blaue Licht der Smartphones.

»Alles in Ordnung?«

Eine junge Pflegerin bemerkt, dass ich mich im Kreis bewege. Man ruft meine Gynäkologin an, die nicht in Dublin ist, weit weg von der Stadt. Sie sagt, sie werde sich noch in der Nacht auf den Weg machen. Das berechnete Geburtsdatum ist erst in einem Monat. Meine Tochter und mein Körper werden sich bald trennen. Die Knochen haben genug. Ob es leise Verhandlungen gab? *Könntest du früher weg? Das funktioniert so nicht.* Nach allem, was ich heute von meiner freundlichen und empathischen Tochter weiß, hätte sie höflich eingewilligt. Vielleicht hätte sie sogar gelächelt, ehe sie die Zähne zusammengebissen und sich auf den Austritt in die Welt vorbereitet hätte.

Eine Pflegerin injiziert mir Steroide, um ihr Lungenwachstum zu beschleunigen. Ich rufe meinen schlafenden Mann an und bitte ihn, ins Krankenhaus zurückzukommen. Später liege ich auf einem Bett vor dem OP und rufe ihn nochmals an. Ich hatte richtig vermutet: Er war wieder eingeschlafen. Bitte beeile dich. Sie ist vier Wochen zu früh dran. Wenn etwas schiefgeht, will ich nicht allein sein.

Spinalanästhesie, Krankenhaushemd, die Ärzte arbeiten hinter aufgespannten OP-Tüchern an meinem Unterleib. Am ehesten kann ich mich in dieser Situation auf meinen Gehörsinn verlassen. Mein Körper ist zur Hälfte taub, der untere Teil reagiert nicht. Also höre ich zu, als wartete ich auf das Einsetzen des Vogelgezwitschers im Morgengrauen. Ich lausche auf ihren ersten Schrei, auf einen Hinweis, dass sie da ist und es ihr gut geht. Kaiserschnittbabys hört man, ehe man sie sieht. Hände drücken fest, in einer Art Rollbewegung, auf meinen Bauch. Drücken, Ziehen, und dann wird sie in die Welt gehoben. Sie schreit in die Luft des OPs hinein. Ihre Hautfarbe ist besorgniserregend, und zwei Krankenschwestern bringen sie schnell auf die andere Seite des Raums. Geschäftig hantieren sie mit Masken und Schläuchen. Es fühlt sich an wie Tage, bis sie sie endlich zu mir zurückbringen. Ich darf sie für weniger als eine Minute halten, dann ist sie wieder fort. Sie wird nach oben gebracht, ins Meer aus Plastikkisten auf der Neugeborenenstation. Ihre erste Nacht auf der Welt verbringe ich ohne sie. Eine Krankenschwester macht ein Foto und bringt es mir ans Bett. Weil ich mit Morphium vollgepumpt bin, wechsle ich zwischen Weinen und Erbrechen. Ich döse immer nur für ein paar Minuten und träume völlig verrücktes Zeug. Später schiebt mein Mann mich im Rollstuhl zum Aufzug. Auf meinem Schoß steht eine Plastikschüssel, falls ich mich plötzlich übergeben muss. Im Licht scheint ihre Farbe sich zu verändern. Ihre Augen sind geschlossen. Sie sieht aus, als konzentriere sie sich stark und denke über etwas nach.

Mikrochimärismus kommt in der Schwangerschaft vor, wenn die Zellen des Fötus die Plazenta durchdringen und in den Körper der Mutter eintreten. Babys hinterlassen damit nach der Geburt eine Spur, einen Kondensstreifen aus Zellen. Die Zellen bleiben lebenslang in unseren Körpern und graben sich tief in unser Innerstes ein. Der Gedanke, dass ich einen Teil meiner Kinder für immer in mir trage, bewegt mich. Ich weiß auch, dass ich das nicht noch einmal machen werde. Mein Körper hat genug. Gebärmutter und Bauch sind zugenäht, fadengeheftet wie ein Buch. Bald wird ein neues Siegel erscheinen. Die Gelenke haben gelitten und müssen irgendwie repariert werden. Mein Körper ist noch weiter weg von dem makellosen Wesen, dass ich als Neugeborenes einmal war. Er verweigert sich und verfällt, und dennoch gab er mir diese Kinder. Wann immer ich an die schwierigen Monate denke, die vor mir liegen, an die Diskussionen mit den Orthopäden, betrachte ich das Gesicht meiner Tochter. Das zarte Pulsieren in ihrem Hals, die weichen Säume ihrer Augenlider, fest verschlossen vor der Welt.

PANOPTIKUM: KRANKENHAUSVISIONEN

Die Chancen stehen gut, dass Sie in einem Krankenhaus zur Welt gekommen sind. Dass Ihre ersten Schreie unter grellem Licht ertönten und Sie unter dem blauen meergroßen Krankenhaushemd Ihrer Mutter zum Vorschein kamen. Dass Sie gewogen und gewaschen wurden, während die Ärzte auf das Zeichen warteten: *Ich bin hier, ich lebe, ich atme*. Geballte Fäustchen wie Schneckenhäuser, die in die Luft stoßen.

Das Krankenhausareal erstreckt sich über mehrere Hektar. Der Grundriss aus weißen Labyrinthen, rechten Winkeln und endlosen Gängen ist nervenaufreibend. Der Patient ist ein kleiner Fisch, der vom Röntgensee zum Stausee der ambulanten Patienten schwimmt, über die Grenzen der Kabinen, Zimmer, Abteilungen und Flure hinweg.

Während der Arbeit an diesem Text kam es zu einem medizinischen Problem. Noch eines?, denke ich. Die Leichtigkeit und Regelmäßigkeit, mit der ein Körper versagen kann, überrascht mich nie. Ich zögere den Arztbesuch hinaus und nehme Schmerzmittel. Ich warte weiter, obwohl die Schwellung nicht nachlässt. Ich zögere, bis ich es nicht mehr ignorieren kann. Der Allgemeinarzt schickt mich in die Notaufnahme einer Frauenklinik. Ich werde aufgenommen, mit rosa und lila Kanülen versehen (seit wann haben die medizinischen Schläuche diese Mädchenfarben?) und intravenös behandelt; die OP ist für den nächsten Tag angesetzt. *Besteht die Möglichkeit einer Schwangerschaft?,* lautet die obligatorische Frage vor der Behandlung jeder Frau. Der Schmerz hört nicht auf und wird stufenweise schlimmer. Das Gefühl zu erklären gleicht dem Versuch, die individuelle Erfahrung beim Kinderkriegen, Verlieben oder Trauern zu beschreiben.

✶

Räder ruckeln, Sirenen jaulen. Ich habe diese Woche Spätschicht. Maschinen brummen und blinken. Tabletts mit Essen klappern. Schweeee-ster! Die Signaltöne der Patientenrufe sind zu hören. Gesundheitsschuhe quietschen. Die Druckluftscharniere der Türen schnaufen. Der Geisteratem jener, die hier ihre letzten Atemzüge taten, hängt in der Luft. In Krankenhäusern ist es selten still. 2013 komponierte Brian Eno für ein Krankenhaus in Brighton das Stück *77 Million Paintings for Montefiore* 77. Es war vielleicht ein Versuch, das medizinische Brummen, die

Kakophonie dieses Ortes zu übertönen. Das generative Stück wurde im Empfangsbereich des Krankenhauses gespielt und veränderte und entwickelte sich. Auf einer anderen Etage wurde das längere Werk *Quiet Room for Montefiore* aufgeführt. Es sollte die Heilung befördern oder die typischen Krankenhausgeräusche ersetzen: Bewegung, Snackautomaten, Besucher, die Geräusche des Leids anderer Menschen.

✶

In einem Zimmer im obersten Stockwerk höre ich permanentes Klopfen. Vermutlich sind es Vögel. Es ist DER Vogel, erklärt mir eine Schwester. Ein künstlicher Vogel an einer Schnur, der andere Vögel abschrecken soll. Er befindet sich im ewigen Flug. Seine Kohlefaserflügel schlagen gegen das Flachdach. Ich suche nach einem Rhythmus bei jeder Landung – immer wenn der Wind sich abschwächt.

✶

Das Geräusch der Klimaanlage bemerke ich wochenlang nicht, bis es mir wie ein Tinnitus vorkommt und das Rasseln eine Art Anti-Ohrwurm wird. Die Krankenschwestern und Putzkräfte sagen, sie könnten es nicht hören, aber es donnert jede Nacht hindurch. Verräterisches Herz unter den Dielen, die Frau hinter der gelben Tapete.

✶

Hören Sie das?, fragt der Hämatologe die Medizinstudenten, die um mein Bett stehen wie ein weiß lackierter Lattenzaun.

Ein Gerinnsel klingt wie eine knarzende Tür, sagt er.

Als sie gegangen sind, lausche ich auf die Scharniere.

✶

Krankenhäuser sind Kunstgalerien nicht unähnlich. Es sind interaktive Räume, großformatige Sound- und Farbinstallationen, die Gefühle wecken und an die Sinne appellieren. Die Kunst, die hier an den Wänden hängt, verbindet die Moderne mit alten Votiven. Staatlich finanzierte Leinwände hängen neben Herz-Jesu-Darstellungen und religiösen Statuen. Auf dem längsten Flur, der Wirbelsäule des Krankenhauses, hängen schwarze Gemälde in immer gleichen Abständen. Es sind abstrakte Tintenbilder von unklarer Form und Bedeutung. Wann immer ich daran vorbeigehe, senke ich den Blick. Ziemlich deprimierend, oder?, meint der Pförtner, der meinen Rollstuhl schiebt.

✶

Als die Tochter der britischen Künstlerin Barbara Hepworth in den 1940er-Jahren in eine orthopädische Klinik kam, lernte ihre Mutter den Chirurgen Norman Carpenter kennen. Hepworth war eigentlich als Bildhauerin bekannt, doch Carpenter lud sie ein, zwei Jahre lang Operationen zu zeichnen. In Tinte, Kreide und Bleistift fing Hepworth nicht nur das Blut und die Eingriffe ein, sondern das tatsächliche Reparieren der Körper. Hepworth stellte Gemeinsamkeiten zwischen beiden Berufen fest:

> Mir scheint, es besteht eine sehr enge Verwandtschaft zwischen der Arbeit und Herangehensweise von Ärzten und Chirurgen auf der einen und Malern und Bildhauern auf der anderen Seite. Beides sind Berufungen, denen wir uns nicht entziehen können. Die Mediziner wollen die Schönheit und Grazie des menschlichen Geistes und Körpers wiederherstellen. Welche Krankheit ein Arzt auch vor sich sieht, er verliert nie das Ideal oder den Zustand der Vollkommenheit des menschlichen Geists und Körpers aus dem Blick, auf den er hinarbeitet.

✶

Ein neuer Tag, ein neuer Schlafbereich: Die Frau im Nachbarbett flüstert verschwörerisch in ihr Telefon. Mein Urin war sauber.

ICH HABE ES DIR GESAGT.

✶

Ein Vorhang ist keine Tür. Vertrauliche Gespräche hängen in der Luft, medizinische Begriffe werden gemurmelt. Nummern, Prozentangaben. Jemand auf der anderen Seite spricht Russisch – Arzt oder Patient? »Spasíbo«, flüstert er. Danke.

✶

Online erscheint ein Kommentar von einem Arzt über die überfüllten irischen Notaufnahmen. Die Krankenhäuser sind überlastet, weil die Patienten in die Notaufnahmen »dekantiert« würden. Das ist eine ungewöhnliche Wortwahl. Sie vergleicht Patienten mit guten Weinen, deren Körper in das Bleikristall der Notfälle gefiltert werden.

✶

In der Frauenklinik sind die Pflegekräfte, hauptsächlich Filipinos und Iren, aufmerksam und freundlich. Sie verdienen deutlich weniger als Ärzte. Warum arbeiten so viele Männer in der Gynäkologie?, frage ich eine Pflegekraft. Es ist das bestbezahlte Fachgebiet der Medizin. Also … wegen des Geldes.

✶

Wenn Le Corbusier damit Recht hat, dass ein »Haus eine Maschine zum Wohnen« ist – was ist dann ein Krankenhaus? Eine andere Art von Maschine vielleicht, die aber nichts Häusliches an sich hat. Eine Lagerhalle voller Technik, die zeitweise Menschen beherbergt, der aber das Familiäre eines Zuhauses fehlt. Es ist ein Panoptikum, in dem es kaum Privatsphäre gibt, und der Patient ist immer sichtbar, auch wenn er nicht immer gesehen wird. Ein Krankenhaus ist ein Ort notwendiger Quarantäne, an dem die Patienten die Kontrolle abgeben müssen. Im Inneren erwarten sie gewisse Risiken, etwa nach einer Narkose nicht aufzuwachen, Infektionen, Begegnungen mit MRSA, die vielen Keime von niesenden, taschentuchlosen Besuchern. Und die übertrieben besorgten Gespräche, die einem Fremde im Nachbarbett aufzwingen.

✶

Die Luft. *Können wir über die Luft reden?* Die Vermischung der Gerüche von anderen Menschen, Putzmitteln, warm gehaltenem Essen ohne Eigengeschmack. Von undefinierbar metallischem, chirurgischem Bodensatz, Erbrochenem. Einatmen. Von antibakterieller Handseife. Ausatmen. Von Desinfektionsmittel. Ausatmen.

(Zu viel? Die Patientin hat nichts beschönigt.)

✶

In *Die Geburt der Klinik* schreibt Michel Foucault: »Für die klassifizierende Medizin ist der Befall eines Organs nicht absolut notwendig zur Definition einer Krankheit.« Ohne Röntgenbild sehen wir den Bruch nicht, ohne Ultraschall könnten wir den wenige Wochen alten Fötus nicht sehen, und ohne das MRI würden wir Läsionen übersehen. Ärzte suchen im Nagelmond und im Weiß der Augen nach Anzeichen von Krankheiten. Krankheit und Schmerz brauchen keine physische Manifestation, um wirklich zu sein.

✶

Der usbekische Anästhesist in der Frauenklinik stellt mir vor der Operation die üblichen Fragen. Ich rattere meine komplizierte medizinische Historie herunter. Im OP warte ich darauf, dass die Wirkung der Spinalanästhesie einsetzt. Er erzählt von seinem Land. Es sei »sehr korrupt« und Ärzte verdienten zweihundert Euro im Monat. Um zurechtzukommen, müssten sie Bestechungsgelder annehmen, aber er habe sich geweigert, das zu tun. »Ich bin weggegangen, weil ich glaube, dass Geld und Medizin nicht gut zusammenpassen.«

✶

Der Operationssaal, jener Ort der Wunden, Schnitte und Eingriffe, heißt auf Englisch *theatre*. Hier gibt es keine schweren Samtvorhänge, sondern Einweggardinen in Blau oder Grün. Die Bühne ist ein Tisch, ein griechisches Ekkyklema. Alle Schauspieler mit Ausnahme des Patienten sind aktiv. Hilfslinien für den Chirurgen werden auf den Körper gezeichnet – eine derbe Commedia dell'Arte.

✶

Krankenhäuser sind Gebiete aus Straßen und Linien. Ihre Psychogeografie speist sich aus jedem Körper, der dort gewesen ist. Wie viele Menschen haben in diesem Bett geschlafen? Ein Reich der Abteilungen, eine Konföderation der Kranken, machtlose Patienten in den mit Spannbettlaken bezogenen Betten. Jeder Patient, der sich hier zur Versorgung, Heilung oder Untersuchung vorstellt, muss etwas aufgeben: die Freiheit/den freien Willen/die Bewegungsfreiheit.

✶

Ein Hoch auf die Geografie des Körpers, die Foucault den »anatomischen Atlas« nennt. Die Breitengrade sind Sehnen, die Längengrade Adern. Das Gelände ist abwechslungsreich: die weichschalige Haut, die seilartigen Haare, Stoppeln wie Sandpapier.

✶

Kleriker als Heiler wurden irgendwann von Ärzten abgelöst, aber Medizin und Religion sind in Irland noch immer eng miteinander verwoben. Krankenhäuser und Abteilungen tragen die Namen von Heiligen. Ethos und Doktrin sind auf komplizierte Weise verknüpft in diesem »katholischen Land«, das so viele Frauen im Stich ließ. Wie viele Leben hat es gekostet, wie viel Hilfe wurde verweigert, weil sich die Religion in das Körperliche einmischt?

✶

Es ist kein Krieg, aber es gibt doch zwei Lager. Gesunde und Kranke, Ärzte und Patienten, Mitarbeiter und Besucher. Susan Sontag hat über die zwei Königreiche der Gesunden und Kranken geschrieben: Ein Pass ist abgestempelt, der andere hat abgeschnittene Ecken. Krankheit erlaubt uns, alles hinter uns zu lassen – den Beruf, Verpflichtungen, den Alltag mit seinen unendlichen Wiederholungen –, aber der Preis ist hoch. Für den Weg ins Krankenhaus braucht man eine gepackte Tasche, aber keine Fahrkarte. Statt gelber Inseln und türkisfarbener Meere gibt es dort eckige weiße Laken, statt Sonnenliegen Betten.

Ein Patient ist keine Person.

Ein Patient ist eine medikalisierte Form des Selbst.

Ein Patient ist ein hospitalisierter Doppelgänger des Körpers.

Zum Patienten zu werden ist ein Akt der Umwandlung: vom Gesunden zum Kranken, vom emanzipierten Bürger zum eingegrenzten Patienten.

✶

Es gibt Hunderte Möglichkeiten, sich ein Bein zu brechen, und keine Krebsdiagnose gleicht exakt der anderen. Mein Krebs ist nicht dein Krebs, meine Brüche sind nicht deine. Ungeachtet ihrer Klassifikationen und Bezeichnungen ist Krankheit bei jedem Patienten so individuell wie Fingerabdrücke. Sie ist nicht generisch und verweigert sich der Vereinheitlichung. Dabei spielen nicht nur die Biologie, sondern auch Gender, Politik, ethnische Herkunft, Wirtschaft, gesellschaftliche Schicht, Sexualität und individuelle Umstände eine Rolle.

✶

Fragen/mögliche Einstiegsfloskeln:

Was fehlt Ihnen denn? Krankheit als Makel.

Wo tut es weh? Spezifische Angaben werden verlangt.

Wie sind Sie versichert? Eine kapitalistische Frage.

Ist der Austausch zwischen Arzt und Patient ein Dialog, eine Unterhaltung oder eine Befragung? Es handelt sich um eine dreifache Begegnung: verbal, taktil und textuell. Anders als Sprache oder Berührung hat ein Text Bestand. Unser medizinisches Narrativ befindet sich in der am Fußende des Krankenbetts befestigten Karteikarte oder in dem bunten Papphefter. Wir erzählen unsere Geschichte mehreren Ärzten, und der Hefter wird dicker, Unterlagen in verschiedenen Handschriften kommen hinzu, sodass ein kollaborativer Text entsteht, ein diagnostisches Rundlaufverfahren.

✶

Krankenhäuser beschneiden das Bewusstsein. Die Zeit läuft dort anders ab. Mahlzeiten scheinen zufällig und unabhängig von den normalen Tagesabschnitten. Beim Warten auf die nächste Medikamentengabe, die nächste Visite, die nächste Besuchszeit drehen sich die Gedanken im Kreis. Dann kriechen die Zeiger der Uhr durch die Nacht, die von Geräuschen und Lichtern unterbrochen wird. Gespräche sind selten und reduzieren sich auf eine Handvoll Haikus zwischen den Temperaturmessungen.

✶

Infarkt. Präsentation. Pyrexisch. Ich habe mir ihre Sprache angeeignet, bin zu den Knochen ihrer Syntax vorgedrungen. Marsupialisation. Das Wichtigste an einer solchen Interaktion ist nicht das Zuhören, sondern das Fragen. Allgemein- oder Spinalanästhesie? Weil ich oft nachgefragt und dabei die medizinischen Fachbegriffe, die zu meiner Geschichte gehören, verwendet habe, nehmen manche Ärzte an, ich sei eine von ihnen. Diese Annahme hat ihre ganz eigenen Implikationen, nämlich dass die Motivation eines Patienten, Interesse für den eigenen Gesundheitszustand zu zeigen, übergriffig ist. Neugierig zu sein oder über dieses Wissen zu verfügen, gehört sich nicht für Patienten. Dass ich mir die Medizinersprache aneignete und den Akt des Fragens umkehrte, war immer ein Versuch, meine Autonomie zu behaupten, an einem kleinen Teil meiner Geschichte und meines Körpers festzuhalten.

✶

Früher trugen Krankenschwestern weiße Kleider mit umgekehrt festgeklemmten Taschenuhren. Ihre gestärkten Hauben mit farbigen Bändern zeugten von Autorität und Hierarchie. In Irland waren die Bänder blau, grün oder rot; aber die festangestellten Schwestern hatten ein schwarzes Band, als seien sie in Trauer. Die Farbpalette eines Krankenhauses ist unendlich. Primär- und Pastellfarben auf dem Teststreifen der Urinanalyse: Rosa für Ketone, Grün für Proteine, Beige für Bilirubin. In der Blutentnahmestelle gibt es phallusförmige Teströhrchen mit vaginaähnlichen Verschlüssen: Hermaphroditen mit Farbcodes. Weiße Türen für elektronische Ausrüstung, grüne Notausgänge, Biogefahrenstoffe im gelb-schwarzen Bienenlook. Die rote Linie auf dem Boden führt zum Labor für Herzerkrankungen – eine Arterie aus rotem Klebeband, wie die rote Backsteinstraße in der Filmversion von *Der Zauberer von Oz.* Teile des Klebebands fehlen; die Linie ist durchbrochen.

✶

Von den Ausgängen ist man im Krankenhaus immer weit entfernt. Aber wenigstens nur zeitlich begrenzt genauso wie ein Katheter, Nähte oder ein Gipsverband.

✶

Die kardiologische Abteilung hat dunkelblaue Vorhänge. Ich versuche, ein Wort für den spezifischen Farbton zu finden, und entscheide mich für Yves-Klein-Blau. Sein Blau war eine Erfindung. Und erst vor überraschend kurzer Zeit angesichts der Langlebigkeit blauer Dinge – Himmel, Meer, Augen. Der Ton passt zum hellen Krankenhaushemd, das die Schwester mir gegeben hat. Ziehen sie es so an, dass es vorne offen ist, (Pause) wie einen Mantel. Ihre Stimme ist sachlich und professionell, aber da ist auch eine kaum merkliche Freundlichkeit. Patienten bemerken diese kleinen Gesten, sie sind darauf geeicht. Diese Gesten sind wichtig. Vor allem in den letzten zehn Jahren wird in irischen Krankenhäusern stärker auf Empathie geachtet. Dazu gehört die Einführung des Hashtags #HelloMyNameIs. Es geht nun mehr um eine patientenorientierte Versorgung, die einen Körper im Bett nicht nur als diagnostische Herausforderung oder Krankenhausnummer begreift, sondern auch als echten Menschen mit Ängsten.

✶

Nach zwei Tagen verließ ich die Frauenklinik und arbeitete an diesem Text weiter. Der Körper hatte das Leben und das Schreiben kurzfristig unterbrochen. Bevor ich das Krankenhaus verließ, machte ich vom Bett aus ein Foto, das eine Woche später neben diesen Worten in einer Galerie ausgestellt wurde. Im Abendlicht erinnerte die Bettdecke an schneebedeckte Gipfel und der blaue Vorhang an einen zerklüfteten Himmel. Wie auf jedem Bild gibt es auch hier kein Geräusch; das mir vertraute Chaos hinter dem Vorhang war nicht zu sehen. Es ist eine fast friedliche Szene, die an diese besondere Ruhe auf Berggipfeln erinnert. Die Komposition und Farbe ergaben eine unerwartete Ruhe. In diesem Moment hatte ich das Gefühl, so rar für jenen Ort, dass alles gut werden würde.

DIE MONDE DER MUTTERSCHAFT

I

Meine Kinder kommen nachts zur Welt. Sie betreten die Welt, als der Mond hoch am Himmel steht: Neumond bei der Geburt meines Sohnes, zunehmender Mond bei der Geburt meiner Tochter. In der ersten Nacht waren meine Tochter und ich getrennt, die zweite verbringe ich mit Stillversuchen. Die Ergebnisse der US-Präsidentschaftswahlen liefen im Fernsehen; das an die Wand montierte Gerät leistete uns Gesellschaft. Auf der anderen Seite des Ozeans ist man hoffnungsvoll. Viele Bundesstaaten sind blau eingefärbt, und Barack Obama steht kurz vor dem Wahlsieg. In unserem kleinen Zimmer habe ich nur Augen für meine Tochter. In jedem ihrer Moleküle wohnen Möglichkeiten, und auch für die Welt gilt das heute Nacht.

Im Krankenhaus lerne ich in langen Nächten und an lauten Nachmittagen meine Tochter kennen. Sie badet nicht gern, schläft leichter ein als ihr Bruder und isst bei jeder Mahlzeit nur sehr wenig. Ihr kleiner Bauch kommt nur mit winzigen Mengen zurecht. Obwohl sie so wenig isst, erstickt sie in den ersten Tagen beinahe.

Eine Schwester erklärt, dass Babys erst nach Hause dürfen, wenn sie eine bestimmte Menge essen können. Ich erkläre ihr, dass meine Tochter wenig Appetit hat, eine Frühgeburt war und auf der Intensivstation. Die Schwester drückt ihr den Silikonsauger einer Babyflasche in den Mund.

Der Körper meiner Tochter spannt sich an, ihre Haut wird dunkler, dann erschlafft sie. Die Schwester entreißt sie mir und hält sie mit dem Kopf nach unten. Meine Tochter hängt da wie eine Fledermaus. Die Schwester schlägt ihr auf den Rücken und schreit Kommandos. Ich sitze wie festgefroren auf einem Stuhl und sehe entsetzt zu. Das Geräusch der Schläge, der lilafarbene Körper, das Gefühl, das wir gemeinsam so viel mitgemacht haben, damit sie hier sein kann. Und nun entgleitet sie mir. Ich habe Schmerzen, Panik, Angst, mich zu bewegen. Ich betrachte das Leben einer anderen, nicht mein eigenes. Es dauert eine Minute – zu viele Sekunden –, ehe sie schreit. Ich entreiße sie der Schwester. Das Baby und ich sind aufgeregt, die Schwester unbeirrt. »Sie können jetzt nach Hause gehen.« Eine Angst, vertraut wie die Nacht, beschleicht mich: dass unser vorbehaltloses Vertrauen gegenüber der medizinischen Welt nicht gerechtfertigt war.

Mit Krankenhäusern habe ich gute und schlechte Erfahrungen gemacht, und die Geburt meiner Kinder bildet hier keine Ausnahme. Beide Geburten waren invasiv, bedurften chirurgischer Prozeduren und mussten ohne Geburtsbecken und gleichmäßiges Atmen auskommen. Ich hatte mir natürliche Geburten gewünscht, aber meine zusammengeschweißte Hüfte hat das nicht zugelassen. Meine Geburten waren deshalb nicht weniger wert, und ich fühlte mich auch als Mutter nicht weniger wertvoll. Nur andere Menschen vermitteln einem dieses Gefühl.

Bei Zweitgeburten – auch, wenn es Frühgeburten sind – nimmt das Krankenhauspersonal an, dass die Mütter alles im Griff haben. Dass sie Profis sind, die genau wissen, was zu tun ist. Zweitgebärende gelten als weise, ein bisschen wie Mönche. Ich aber fühlte mich, als ginge alles von vorne los, als sei dies mein erstes Kind, obwohl mein sechzehn Monate alter Sohn in derselben Stadt gerade friedlich träumte. Wir wurden noch in der Nacht entlassen; zu Hause war es sicherer als inmitten der Hektik der Wöchnerinnenstation.

Die Erinnerung daran, wie meine Tochter mit dem Kopf nach unten an einem Bein festgehalten hing, hat mich nie losgelassen. Noch jetzt verursacht der Gedanke daran Gänsehaut. Es ist von größter Bedeutung, dieses Bild durch ein anderes zu ersetzen. Thetis, die Achilles in den Fluss Styx taucht. Vielleicht hat dieser Akt, diese erste Begegnung mit einem Trauma, meine Tochter unsterblich, unverletzlich gemacht. Sie wird unbesiegbar sein, denke ich.

Nach der Geburt meines Sohnes musste ich mir sechs Wochen lang den Gerinnungshemmer Heparin spritzen. Jeden Tag nahm ich die Haut an meinem Bauch zwischen Zeigefinger und Daumen und pikste hinein. Um den Schmerz zu minimieren, war es am besten, es möglichst schnell zu machen. Es hieß, Heparin sei nach der Schwangerschaft »relativ sicher«, da die großen Moleküle nicht in die Muttermilch übergehen. Hunderte Medikamente haben meinen Körper durchlaufen; viele davon waren hochgiftig. Könnte das der Grund sein, warum ich mit dem Stillen zögere? Ich mache mir Sorgen, dass ich mir etwas zuführe, das in die Milch geraten könnte. Eine mögliche Nebenwirkung ist HIT (Heparin-induzierte Thrombozytopenie), ein schweres Syndrom, das zu einem Schlag- oder Herzanfall führen kann. In fünf bis fünfzehn Prozent der Fälle kommt es zur Amputation von Gliedmaßen. Meine Vorsicht erscheint mir angebracht, aber ich kann mich nicht entscheiden. Ich mache den Versuch, mit einer Krankenschwester darüber zu reden. Sie schimpft mich aus. »Wenn Sie nicht stillen, werden Sie der verpassten Bindung zu ihrem Kind hinterhertrauern.« Mit diesem Bedürfnis, Frauen niederzumachen, nachdem sie neun Monate lang einen neuen Menschen in sich getragen und unter brutalen Schmerzen zur Welt gebracht haben, hatte ich nicht gerechnet. Die Geburt lässt sich so leicht kritisieren: Du hast ein Kind bekommen, aber es war keine natürliche Geburt; du hast ein Kind bekommen, aber du hattest eine Spinalanästhesie; du hast ein Kind bekommen, aber jetzt stillst du nicht. Frauen werden ganz nebenbei niedergemacht, und das ist nicht einmal überraschend. Unsere größten Anstrengungen sind nicht genug, und wer uns nicht eng verbunden ist, erinnert uns oft nur allzu gern daran. Das geschieht natürlich in bestmöglicher passiv-aggressiver Manier: mit vorgetäuschter Anteilnahme.

Nach zwei Tagen zu Hause kehre ich mit einer Gebärmutterinfektion in die Klinik zurück. Ich konnte noch nichts essen. Beim Ultraschall werde ich darauf hingewiesen, dass mein Bauch so leer aussieht. Ich muss Kompressionsstrümpfe tragen, die ich nur in einem Akt herkulischer Anstrengung hochziehen kann. Sie kneifen und hinterlassen Striemen auf der Haut. Die Strümpfe und das Heparin halten mein Blut unter Kontrolle. Aber ich habe einen neuen Menschen im Arm, und alles ist auf Leben ausgerichtet. Ich habe keine Zeit, über den Tod nachzudenken. An einem dunklen Morgen ist mein Sohn unruhig, und Erinnerungen an meine Krankheit kehren zurück. Mein Mann ist da, Eltern und Geschwister, aber nur ich habe meinen Sohn geboren. Wenn ich früher krank war, dann nicht als Mutter. Nur mein Körper wäre fort gewesen. Jetzt ist er da, ganz von mir abhängig, und der Tod wäre, anders als früher, kein isoliertes Ereignis. Sterben hieße, diese nur wenige Tage alte Person zurückzulassen. In jenen frühen Wochen, als die Gedanken unter Schlafentzug durchdrehen, stelle ich mir das Entsetzliche vor: dieses Kind zurückzulassen, ohne das ich nicht einmal diesen Raum verlassen möchte. Ich stelle mir vor, dass mein Sohn sich nicht an mich erinnern würde, wenn er bei meinem Tod sechs Monate oder ein, zwei oder drei Jahre alt wäre. Mein Mann würde ihm Fotos zeigen; ich würde Videos mit meinem iPhone machen oder Briefe schreiben, die an bestimmten Punkten im Leben zu öffnen wären. Bei jeder Kontrolluntersuchung kehrt dieses Gefühl zurück. Die Mutterschaft betont meine Sterblichkeit. Ich darf nicht sterben, während meine Kinder klein sind oder hier sind oder überhaupt. Das kann ich ihnen nicht antun.

Im Krankenhaus hielt meine Mutter meinen dick eingewickelten Sohn nach der Geburt im Arm und sagte zu mir: »Jetzt wirst du es erleben.«

Ich würde nun endlich begreifen, was sie meinte.

Was denn?

Das alles auf das hier hinauslief. Dass keine Verpflichtung im Leben wichtiger war als diese. Dass ich nun verstehen würde, was meine Eltern durchgemacht hatten.

Jetzt wirst du nie wieder aufhören, dir Sorgen zu machen. Für den Rest deines Lebens wirst du dich um ihn sorgen.

Wir teilten diesen Moment und reichten den Stab von einer Generation an die nächste weiter, und doch fühlte es sich für mich bedrohlich an. War das Elternschaft? Würde jede freudige Sekunde einen Moment der Angst bergen? Einen Menschen zur Welt bringen heißt, ihn mit der Angst, dem Leid, dem möglichen Schmerz und Schrecken des Lebens zu konfrontieren. Eines Tages wird dieser Mensch verstehen, dass er selbst und alle, die er liebt, sterben werden. Er muss also nach dem Guten suchen – nach Freude, Menschen, die ihn zum Lachen bringen, Songs. In der ersten Zeit konnte ich meine Kinder in den Schlaf wiegen, aber auch singen. Ich flüsterte ihnen Refrains und Reime ins Ohr und schrieb Noten auf ihre Haut.

Mit jedem meiner Kinder erkundete ich ein fremdes Land. Wir hatten beide keine Ahnung und tasteten uns langsam voran. Ich hielt nach Fallen, Giftpfeilen und herabstürzenden Felsen Ausschau. Wie bei Krankheiten gibt es auch bei Kindern ein Vorher und Nachher. Während der Schwangerschaft erklärten die Leute mir fröhlich: »Leg dich hin! Du wirst nie wieder durchschlafen!« Diejenigen, die mir das anrieten, waren oft selbst keine Eltern, sprachen aber mit einer Überzeugung, als hätten sie Hunderte Nächte mit einem schlaflosen Kind im Arm verbracht. Die Situation fühlt sich an, als triebe man nach einem Schiffbruch auf dem Meer. Die Ungewissheit, die Schlaflosigkeit, die Orientierungslosigkeit, ein stetiger und doch unvorhersehbarer Rhythmus.

Man braucht diese ganze Geschichte nicht. Die Geschichte eines jeden Babys, das aufwächst und vom Neugeborenen zum Kleinkind zum Kind wird. Man braucht keine Windeln, kein Fläschchenspülen, keine Verstopfung, kein gesüßtes Wasser und Feigen, während sich das Bäuchlein bläht. Man muss den Trick nicht kennen, mit dem sich ein Buggy zusammenfalten lässt; man braucht keine nächtlichen Mahlzeiten und kein Zahnen. Mein Sohn machte nie Mittagsschlaf, also fuhr ich mit ihm ziellos durch die Gegend in der Hoffnung, das Motorengeräusch würde ihn müde machen. Er weigerte sich, in einem Babykorb zu liegen, als handele es sich um einen Sarg. Das rote vollgesabberte Gesicht beim Zahnen. Einmal drehte ich mich für eine Sekunde weg, und meine Tochter fiel vom Bett. Kleine Brustkörbe, die sich sanft heben und senken, und das nächtliche Nachschauen, ob sie noch atmen. Die Utensilien, die Ausrüstung, auch »Zeug« genannt: Hochstühle, Reisebetten, Sterilisatoren. So viel Plastik mit gepolsterten Ecken. So viel Sicherheit, und dennoch das Gefühl, dass man sie nicht immer schützen kann.

In den ersten Wochen biegt sich die Zeit; sie versteckt sich in sich selbst. Mutterschaft heißt, mit diesem neuen Zeitgefühl zu leben. Mit einem Neugeborenen zu Hause sein ist sowohl statisch als auch kinetisch. Die Tage sind lang und kurz zugleich, endlos und verschwommen, und doch gibt es immer etwas zu tun, selbst wenn das Baby schläft. Ich lebe in einer Art Blase und gehe nicht viel aus dem Haus. Während mein Mann in der Arbeit ist, gibt es nur mich und das Kind, das Kind und mich. Das Zuhause ist unsere Höhle. Die Uhr dient nur zur Anzeige von Essens- und Schlafenszeiten. Ich schaffe es nie, mich anzuziehen, obwohl meine Kleidung voller Babykotze und Milchflecken ist. Meine Stiche schmerzen. Die Bücher – die jede Frau belächelt, aber doch fleißig liest – behaupten, Mütter verstünden intuitiv die Sprache ihrer Babys, die Bedeutung eines jeden Schreis. Die Checkliste ist kurz: hungrig, müde, nass, aufgebläht – die Wettervorhersage eines Neugeborenen. Meteorologin gehört genauso zu meiner neuen Rolle wie Übersetzerin. Zwar nicht mit Headset bei der UN, aber beim Treppensteigen und Herumlaufen mit einem Neugeborenen im Arm. Ich versuche, die Botschaften meines Sohnes zu entschlüsseln. Das, was er mir kommunizieren will. Morsezeichen, Babyschreie. Ich interpretiere, warum er den Rücken krümmt, nicht schlafen will, mit seinen blauesten Augen in meine grünen blickt. Was denkst du, Liebling?

Man weiß nicht sofort, wie Elternsein geht. Jeder Mensch macht mit den eigenen Eltern unterschiedliche Erfahrungen. Die Regeln ändern sich, kein Kind gleicht dem anderen, und keiner weiß genau, wie es geht. Elternschaft ist etwas Kumulatives, ein Puzzle aus Informationen, ein Haufen Bretter, aus dem ein Haus werden soll … (Um die Metapher weiterzustrapazieren, stelle man sich die Außenwelt als großen bösen Wolf vor.)

Babys sind nicht nur kleine rosafarbene Maschinen aus Fleisch und Blut, die schlafen, Körperflüssigkeiten absondern und schreien, sondern sie sind auch klug. Ich weiß, dass er mich kennt und weiß, dass wir neun Monate lang zusammen waren, Körper an Körper. Er weiß, dass ich seine Mutter bin. Er folgt meiner Stimme im Raum, wie ein Tier auf Geräusche in der Nacht reagiert. Er registriert alles, was um ihn herum geschieht, und sammelt auf diese Weise Beispiele menschlichen Verhaltens. Während sein Geist sich weitet, schrumpft meiner. Ständig fühlt es sich an, als wolle mein Gehirn durch eine Geheimtür aus meinem Schädel verschwinden.

Etwas passiert mit dem Erinnerungsvermögen. Noch heute muss ich überlegen, ob X oder Y nach seiner oder ihrer Geburt passiert ist. Wenn ich früher wichtige Dinge bekam – ein Auto, ein Haus, einen neuen Job –, war die Erinnerung daran lebendig und ich wusste, auf welcher Seite dieses besonderen Moments sich die anderen Ereignisse jeweils zugetragen hatten. Die ersten Monate als Mutter vergehen mit ärztlichen Hausbesuchen, Impfungen, dem ersten gemeinsamen Abenteuer außerhalb des Hauses, ausgerüstet mit all dem »Zeug« und ängstlich. Diese Erinnerung ist sehr arm an Details. Daten weiß ich nicht mehr, außer sie stehen im pflichtbewussten Kalender. In dieser neuen Phase wird alles beherrscht von der Diktatur eines winzigen, gutmütigen Autokraten. Wenn ich ihm nachts beim Milchtrinken zuhöre, stelle ich mir vor, dass Panzer in unsere Straße einbiegen.

Kinder sind manchmal extrem von uns abhängig und dann wieder komplett für sich. Sie wissen alles und nichts. Ich staune darüber, dass sie so klein sind und doch so viel enthalten – Organe und Knochen in Miniaturversion. Eines Tages blicke ich auf, und da stehen sie und haben plötzlich Vorlieben und Meinungen. Die Zeit ist so schnell vergangen, als habe man bei iTunes aus

Versehen die Abspielgeschwindigkeit erhöht, sodass alle Songs quietschig hoch klingen. Erst schneidet man halbmondförmige Scheibchen von Babys Nägeln ab, damit es sich nicht kratzt, und wenig später tragen dieselben Hände einen viel zu schweren Rucksack über den Schulhof. Die Gefühle vermischen sich: Traurigkeit, gepaart mit Erleichterung darüber, dass die Kinder es unbeschadet bis zu diesem Punkt geschafft haben. Das Haus ist leer, aber die Ruhe – oh, diese Ruhe! – ermöglicht Arbeit und Worte. Ich lerne, Mutter zu sein und gleichzeitig zu arbeiten, Mutter und Schriftstellerin zu sein: Eine Person, die sich tief in die Worte versenken kann und doch, sobald sie gebraucht wird, den Laptop zuklappt oder den Stift weglegt und zum Bettchen, in den Garten oder zur Schule rennt.

//

Das Problem an der Mutterschaft ist, dass sie kaum von der Elternschaft unterschieden wird. Für Mütter ist Elternschaft mehr als der bloße Zustand des Elternseins und geht über die neunmonatige Schwangerschaft, die in der Geburt kulminiert, hinaus. Die Geburt ist nur der Beginn einer ewigen Verpflichtung zur Fürsorge. Nach Brust oder Flasche, nach der Anpassung an den neuen Rhythmus, den ein von uns selbst hervorgebrachtes Wesen bestimmt, kommt die Verantwortung.

Das Leben einer Frau läuft oft unausweichlich auf die Produktion eines Kindes hin. Historisch betrachtet war Fruchtbarkeit genauso wertvoll wie Reichtum. Unfruchtbarkeit machte eine Frau kaum weniger zur gesellschaftlichen Außenseiterin als ein Leben als alte Jungfer. Auch heute besteht die anachronistische Vorstellung fort, eine Frau sei nicht gänzlich Frau, ehe sie Mutter sei. Dieser Gedanke ist ein Baustein der patriarchalen Logik: Wie frau es macht, ist es falsch. Vor dem Muttersein ist man zunächst eine Person. Ein Individuum existiert lange bevor es Kinder bekommt. Vielleicht zucke ich deshalb zurück, wenn andere Frauen, die zufällig auch Mütter sind, sagen: Als Mutter. Als Mutter… was? Das Austragen zweier Babys hat mir keine salomonische Weisheit gebracht. Wahrscheinlich bin ich jetzt sogar weniger weise als vor den Kindern. Meine Geistesschärfe hat sich leicht abgenutzt, und ich bin auch nicht mehr so frei. Stattdessen kann ich besser mit der Zeit umgehen, die sich mit der Ankunft der Kinder verwandelte wie ein Gespenst in einem Horrorfilm. Man selbst zu bleiben, der Mensch zu bleiben, der man vor den Kindern war, ist sowohl eine einfache Fortsetzung als auch eine schwierige Übertragungsleistung. Irgendwo dazwischen kalibriert man sich neu.

Pause drücken, um die Zeit anzuhalten (ich, ständig).

Festhalten, um Haut zu drücken (ich, im Dunkeln mit dir).

Der Konflikt zwischen Mutter und Individuum, Mutter und Arbeiterin, Mutter und Schriftstellerin wurde schnell deutlich. Acht Wochen nach der Geburt meines Sohnes nahm ich meine selbstständige Tätigkeit aus finanzieller Notwendigkeit wieder auf. Wenn er schlief, was selten war, schrieb ich hektisch Musikrezensionen von einhundertfünfzig Wörtern Länge – mehr konnte ich meinem Gehirn nicht abverlangen. Verzweifelt versuchte ich, mich an Begriffe zu erinnern, mit denen ich Gitarren und Refrains beschreiben konnte. Damals war ich noch keine Schriftstellerin, sodass ich eine Verpflichtung weniger hatte. Damit will ich nicht die Klischees vom Mama-Hirn oder der Still-Demenz untermauern, aber doch zeigen, dass die Worte sich mir entzogen und es unmöglich gewesen wäre, Tausende von ihnen zu einem Buch zu versammeln, sie zu formen und zu arrangieren und etwas Zusammenhängendes aus ihnen zu erschaffen.

Menschsein, Elternsein. Die Worte verschwimmen miteinander. Die Jahre des In-der-Versenkung-Verschwindens gehen vorbei, und das Selbst nimmt jedes Jahr ein bisschen mehr Raum ein. Einmal, als beide in der Schule sind, sitze ich an einem alten Schreibtisch und betrachte durchs Fenster herbstliche Buchen und einen dunkelgrauen See. Es ist Spätnachmittag. Ich habe mich in ein abgelegenes Künstlerrefugium, zwei Stunden von zu Hause gelegen, zurückgezogen. Vor zwei Jahren hatte ich mich zuerst um einen Platz hier beworben und die Zusage bekommen, hatte es aber nie geschafft. Jetzt versuche ich, ein Wort ans andere zu reihen, während ich auf den See hinausblicke. Mit dem Nachmittagstief erinnere ich mich aus dem Nichts an einen Kommentar:

»Aber was ist mit Ihren Kindern?«

Es war so dahingesagt worden, als ich erzählte, ich wolle wegfahren, um zu schreiben. Jetzt verstärkte es sich: Ich hatte meine Kinder nicht nur zurückgelassen, sondern saß jetzt irgendwo auf dem Land und bildete mir ein, schreiben zu können. Alle kreativen Bedürfnisse wurden sofort durch mütterliche Schuldgefühle ersetzt.

Wie anmaßend, dass ich allein weggefahren war! Was implizierte, dass mein Mann nicht in der Lage wäre, unsere Kinder ein paar Tage lang allein zu betreuen.

Die Frage nach den Kindern basiert, wie wir alle wissen, auf mehreren genderbezogenen Annahmen: dass vor allem Frauen die Kinder versorgen und Schriftsteller (womit in Wahrheit Männer gemeint sind) ihre Ruhe brauchen, um dicke, bedeutsame Bücher zu schreiben. Auf literarischen Veranstaltungen fragen die Moderatoren schreibende Frauen ganz unreflektiert nach »der Vereinbarkeit«, während männliche Autoren mit ernstem Blick in die Ferne starren dürfen. Bei solchen Veranstaltungen in Bibliotheken, Festzelten oder Stadthallen fragt niemand die Männer nach der Kinderbetreuung oder den Ehefrauen und Partnerinnen, die ihnen durch ihren Einsatz das Schreiben ermöglichen.

Das Abendessen nehmen die Gäste des Künstlerrefugiums – Schriftsteller, Komponisten, bildende Künstler – täglich gemeinsam ein. Jemandem fällt auf, dass nur Frauen über ihre Kinder sprechen und über ihre Partner, die sie unterstützen. Eine Künstlerin gesteht, dass sie die Kühltruhe mit vorgekochtem Abendessen befüllt hat, damit ihr Mann nicht kochen muss. Nur die Frauen am Tisch diskutieren über die Schwierigkeit, Zeit für Kreativität zu finden und den elterlichen Verpflichtungen nachzukommen. Jede von uns freut sich, hier zu sein, sich nicht mit Anforderungen oder Erwartungen konfrontiert zu sehen, unser Muttersein herunter- und die Künstlerin in uns hochzufahren. Ein umgänglicher Dichter erzählt, er nehme hier auch Auszeiten von seinem Brotberuf. Wenn er hier sei, schlafe er die ersten zwei Tage immer durch. Ich bin fünf Tage hier. Jede Sekunde zählt. Zwei Tage Schlaf statt Wörter kann ich mir nicht leisten.

Die Fülle an Zeit und Raum ist neu für mich. Ich bin es nicht gewohnt, neun Stunden am Stück zu schreiben, und meine Konzentration fällt regelmäßig ab. In einem Durchgang lese ich Zadie Smiths Essay »Find Your Beach«, eine Meditation über das Großstadtleben, in dem es auch um ihre sich überschneidenden Rollen als Mutter und Schriftstellerin geht. Darin beschreibt sie, wie ihre wunderbaren Kinder ihre Zeit verschlingen und damit auch die Bücher, die sie eigentlich lesen oder schreiben möchte. Ich las »F for Phone« in Claire Kilroys Tagebuch *Winter Papers*. Darin schreibt sie, Mutterschaft habe ihr »einige wütende Jahre« beschert. »Schreiben war immer die Antwort auf all meine Probleme [...], aber jetzt kann ich nicht mehr schreiben.« Jede Frau, die schreibt und Kinder hat, versteht diese drastischen Geschichten über Kreativität und Prioritäten. Über die Sehnsucht nach geistigem Freiraum statt Playdates und über die damit verbundenen Schuldgefühle. Die Schriftstellerin und Hauptfigur in Jenny Offills Roman *Amt für Mutmaßungen* ist gefangen zwischen ihrer Mutterrolle und dem Wunsch, ein »Kunstungeheuer« zu sein. Die Protagonistin trifft einen Verleger, den sie von früher kennt und der wie nebenbei sagt, er müsse die Veröffentlichung ihres zweiten Buchs verpasst haben. Als sie sagt, es gebe kein zweites Buch, fragt er freundlich: »Ist etwas passiert?« »Ja«, antwortet sie und vertuscht die Tatsache, dass das Schreiben durch die Kinder an den Rand gedrängt wurde.

Man muss kein Schriftsteller sein, um das zu verstehen. Offills Worte sprechen alle Eltern an – ob sie zur Arbeit pendeln oder zu Hause bleiben, um die Familie großzuziehen; ob sie in Fabriken, Büros, Schulen, Geschäften oder Laboren arbeiten. So fühle ich auch, sagen wir. Das ist mein Leben.

Virginia Woolf, die weit weg vom Alltagsleben war, machte Generationen von Schriftstellerinnen glauben, dass sie Anspruch auf ein eigenes Zimmer hätten. Mein Schreibtisch zu Hause steht in einem Zimmer voller gelesener und ungelesener Bücher, die sich neben Lego und anderen Spielsachen stapeln. Unsere Leben bedrängen einander. Hunderte Sätze in diesem Buch habe ich geschrieben, während meine Kinder hereinkamen, um sich mit mir zu unterhalten oder einander zu verpetzen. Ihre Stimmen hallen durchs ganze Haus, und es ist unmöglich, nicht zuzuhören. Ich kann mich konzentrieren, aber die Lieder meiner Tochter sind deutlich zu hören, genau wie die Unterhaltungen meines Sohnes mit unserem Hund in dieser ganz besonderen, nur für den Hund reservierten Tonlage. Und doch finde ich immer wieder Worte und füge sie zusammen. Langsam sehe ich die Form dessen, was ich Wort für Wort erschaffen will.

III

In der Küche tanzt meine Tochter zu einem Lied. Ich höre, wie sie es später unter der Dusche singt – schiefe Versionen von St. Vincent, Adele oder verschiedenen bei Präpubertierenden angesagten Stars. Die FIFA-Soundtracks haben meinen Sohn mit Major Lazer und Tune-Yards bekannt gemacht, was ich als Bonus empfinde. Sie sehen gemeinsam TV-Chart-Shows und raten, wer auf Platz eins kommt. Sie bitten mich, sie zu Musikfestivals zu fahren, für die sie viel zu jung sind. Ihr Leben ist voller Musik, und das hat schon früh angefangen. Manche Menschen verbinden bestimmte Gerüche oder Bilder mit Erinnerungen, aber auf mein Gehirn wirkt sich Musik wie eine Art Alchemie oder Archäologie aus.

Neulich hörte ich wieder »Dy-Na-Mi-Tee« von Ms. Dynamite und erinnerte mich an einen Novembertag, als das Lied im Radio lief. Ich war seit Kurzem mit meinem Sohn schwanger, und mein Mann fuhr uns zum ersten Ultraschalltermin. Ich saß auf dem Beifahrersitz, und plötzlich kamen mir überraschend die Tränen. Hauptsächlich weinte ich vor Angst, dass mir wieder einmal gesagt werden könnte, mein Körper sei der Aufgabe nicht gewachsen, oder dass irgendetwas Schlimmes, Unerwartetes geschehen könnte. Im schlecht beleuchteten Untersuchungszimmer – liegend sind wir besonders verwundbar – war ich auf schreckliche Neuigkeiten vorbereitet. Doch da war mein Sohn und kreiste auf dem Monitor herum wie ein Kunstflieger. Monate später machte er in meinem Bauch Purzelbäume während eines Konzerts von Joanna Newsom, genau wie meine Tochter ein Jahr später bei einem Auftritt von Kraftwerk (dass sie »dort« war und er nicht, führt zwischen den beiden noch heute zu Streitereien). Jedes Mal, wenn ich den Song von Ms. Dynamite höre, denke ich an ihn und die Furcht einflößende Ultraschalluntersuchung und – nach jahrelangen gesundheitlichen Problemen – auch daran, wie sehr wir ihn uns wünschten.

Als wir ihn endlich kennenlernen durften, litt er an Schlaflosigkeit. Zur Beruhigung spielte ich ihm Songs von Amiina oder Sigur Rós vor und schob seinen Buggy hin und her wie ein Boot auf den Wellen. Er und seine Schwester durchliefen viele musikalische Phasen, die sie auf osmotische Weise miteinander tauschten: The Ramones, Beyoncé, Vampire Weekend, viel Hiphop, Kendrick Lamar. Als mein Sohn mich eines Tages immer wieder bat, »Wuthering Heights« von Kate Bush zu spielen, explodierte mir fast das Herz. Jetzt sind sie älter und entwickeln ihren je eigenen Musikgeschmack. Sie finden die Beats, die an ihre Seelen klopfen, die Harmonien, die in ihnen zerfließen, die Rhythmen, die ihren Alltag begleiten.

Mit beunruhigender Häufigkeit erreichen die Kinder den jeweils nächsten Meilenstein. Immer, wenn sie sich entwickeln – wenn sie wachsen, neue Wörter verwenden oder einst geliebte Spielzeuge aussortieren, die nun »für Babys« sind – fühlt sich das ein wenig nach Verlust an. Kürzlich ging mein Sohn zum ersten Mal allein einkaufen, und ich stellte mir vor, wie er irgendwann allein durch die Welt gehen würde. Diese blitzschnellen Veränderungen fühlen sich jedes Mal an, als rutsche alles zu schnell in die Vergangenheit. Als müsse ich jedes Jahr zulassen, dass sie sich ein bisschen weiter von mir entfernen. Als könne ich sie nicht ewig beschützen, als verstrichen die Jahre mit Überschallgeschwindigkeit.

Ihr erstes großes Konzert ist ein weiterer Meilenstein. Wir haben Karten für Justin Bieber gekauft. Schon Wochen vor dem Konzert wollen die Kinder die weißen Papierrechtecke immer wieder betrachten. Einen Monat vor dem Event werden viele Kinder bei einem Konzert von Ariana Grande in Manchester getötet. Angesichts der Auslöschung von Optimismus und Jugend herrscht kollektives Unverständnis. Säuglinge lernen, dass gesungene Worte und Melodien behütend sind, ein Schutzwall. Jetzt merken sie, dass es Menschen gibt, die diese Normalität zerschmettern wollen. Sie haben viele Fragen zu dem Ereignis in Manchester. Es ist schwer, sich mit geliebten Menschen über Hassverbrechen zu unterhalten. Wir bereiten uns auf Bieber vor, und sie fragen, warum wir keinen Rucksack für den sorgsam von ihnen ausgesuchten Proviant mitnehmen können. Ich murmele etwas über die Hitze und die Sicherheit in Menschenmengen – wer will an so einem Abend voller Vorfreude etwas von Bomben erzählen? Wir fahren durch die Stadt zum Veranstaltungsort, und ich merke, dass ich genau dort mein erstes großes Konzert erlebt habe (R. E. M. auf der Green-Tour mit den Go-Betweens als Vorband). In der Warteschlange betrachtet meine Tochter nervös die Menschenmenge, ist aber vor allem von den älteren Mädchen um uns herum fasziniert. Sie fangen an zu tanzen. Schüchtern kopiert meine Tochter ihre Bewegungen, reckt die Faust in die Luft und staunt über das Feuerwerk. Teenagerinnen haben so viel Energie, dass sie leicht die Welt regieren könnten. Sie haben sich so viel Mühe gegeben mit ihren Outfits, ihrem sonnengebräunten Teint und ihrem komplizierten Make-up. Ich beobachte die Mädchen, die einander sichtlich mögen: Sie sind gutgelaunt, selbstbewusst, und während sie untergehakt vor den Toiletten oder Eisständen warten, schwingen ihre Pferdeschwänze hin und her. Meine Tochter betrachtet sie mit forensischem Interesse. Die Sehnsucht, so wie sie zu sein, steht ihr ins Gesicht geschrieben. Sie wäre lieber mit ihren Freundinnen hier als mit Mutter und Bruder. In jedem dieser Mädchen sehe ich meine – sechs oder sieben Jahre ältere – Tochter.

Musik verbindet uns. Sie steht im Zentrum wichtiger Ereignisse im Leben, etwa Geburtstage, Hochzeiten oder Beerdigungen; sie tröstet uns, wenn jemand uns das Herz bricht; sie löst spontane Tänze unter Freunden aus (bei Kindern und, mithilfe von viel Wein, auch bei Erwachsenen). Die viel geschmähte Popmusik mit ihren zuckersüßen, generischen Rhythmen hat viel zu bieten, besonders aus der Perspektive derer, die sie so lieben.

Nichts übersteigt die Vitalität und Zukunftsorientiertheit von Mädchen und Jungen, die einem von ihnen verehrten Sänger oder einer Sängerin zusehen. In Zeiten von Ungewissheit und Chaos ist Musik eine Konstante, die Gemeinschaft und Verbindung stiftet. Sie bedeutet, im Licht zu stehen, wenn Tausende Smartphones hochgehalten werden und wie eine Galaxie aus Sternen aussehen, den rumpelnden Bass in der Brust zu spüren, ein Band-Shirt zu kaufen und es zu tragen, bis es auseinanderfällt. Musik bedeutet, die Stunden bis zum Schulbeginn am nächsten Tag zu zählen, um den Freunden zu erzählen, dass man dort war – denn man war dort und hat gemeinsam mit anderen gesungen, obwohl am nächsten Tag Schule war. Das ist das erste von vielen Konzerten, bei denen meine Kinder Zeit mit Fremden verbringen, die Musik genauso lieben wie sie.

IV

Wegen der Musik waren meine Kinder besessen vom Tod. Zunächst nur in abstrakter Hinsicht, als der Tod nur etwas war, das berühmte Menschen betraf und nicht die, die wir lieben. Bis er Terry einholte oder den noch jungen Mann meiner besten Freundin. Es stellte sich heraus, dass sie sich nicht wegen der Beendigung des Lebens für das Thema interessierten, sondern weil jemand dann nicht mehr da ist. Sie begannen, ständig nach Personen aus Geschichte, Musik oder Filmen zu fragen. Sie fanden es beruhigend, wenn jemand, den sie gerade erst entdeckt hatten, noch lebte, atmete, reiste, arbeitete und Songs schrieb.

Ist Elvis tot? Ist Willy Wonka tot? Ist Michael Jackson tot? Ist Mary Robinson tot? Ist Stevie Wonder tot? Ist Bill Clinton tot? Ist der Mann, der »Video killed the Radio Star« gesungen hat, tot?

Ist David Bowie tot?

Bis Januar 2016 konnte ich erleichtert antworten, dass Bowie in seinem ganzen irisierenden Glanz noch bei uns weilte. Als das nicht mehr stimmte, waren meine Kinder sehr traurig.

Gespräche über Religion sind schwierig. Mein Mann und ich sind nicht religiös. Unsere Kinder sind nicht getauft und damit zufrieden, aber Religionsunterricht ist Teil des Lehrplans. Wir beantworten ihre Fragen, lehren sie Respekt vor Gläubigen und versuchen nicht, ihre Meinung zu beeinflussen. Vielleicht werden sie eines Tages zu Gläubigen; das würden wir unterstützen. Nicht lange, nachdem mein Sohn in die Schule gekommen war, verkündete er aus dem Nichts und mit nietzscheanischer Inbrunst: »Ich glaube, Gott ist ein Idiot.«

Und sie fragen nach dem Himmel. Ich weiß nichts über einen Ort, an den ich nicht glaube. Stattdessen ersetze ich Theologie durch Astronomie und erzähle ihnen vom Nachthimmel. Statt den Stationen des Kreuzwegs erkläre ich ihnen die Sterne. Auf meinem Smartphone habe ich eine Sternen-App, die ich auf der Suche nach Planeten und Himmelskörpern gen Himmel halte. Die Lichter der Stadt machen den Blick auf die Sterne oftmals unmöglich, aber auf dem Bildschirm sieht man sie immer. Die Technologie lässt sich von einer Wolkendecke nicht stören. Wir kippen und drehen das Telefon auf der Suche nach dem Großen Wagen, den Sieben Schwestern oder dem flachen W von Kassiopeia. Ich weiß nicht besonders viel, erzähle ihnen aber von Supernovas und Quasaren. Auf einem Berggipfel in Italien beobachten wir zu viert, wie ein Blutmond aufgeht und Mars sich ganz in der Nähe befindet. Bald werden sie alt genug sein, um zu merken, dass ihre Eltern nicht auf alles eine Antwort haben. Sie werden wissen, wie groß die Erdkugel ist, und werden von all den Orten träumen, die sie sehen wollen. Ich sage ihnen, dass die Sterne noch lange nach uns allen existieren werden, wohin sie selbst auch gehen mögen. Für den Himmel kann ich nicht sprechen.

GEISTERFRAUEN, FRAUENGEISTER

Ich sehe Frauen, die über die Hügel in Richtung der Dörfer und Städte gehen. Sie schmiegen sich enger in ihre Mäntel, an denen Knöpfe fehlen, tragen Babys auf den ausgemergelten Hüften, drehen jeden Pfennig drei Mal um, schieben die Hand des Chefs nicht weg, wenn er sie zu lange anfasst, haben mehrere Jobs gleichzeitig oder gar keinen, kommen mit einem Buggy um die Ecke, obwohl dort eine Treppe ist, laufen durch den Supermarkt und rufen »Hör endlich auf zu fragen«, wischen Rotznasen, lassen den Tee in ihren makellosen Küchen kalt werden, haben keine freie Minute, um den Himmel zu betrachten. In ihnen brodelt die Wut.

Vor allem eine Frau sehe ich. Alle Momente ihres Lebens türmen sich auf wie Knochen. Die unzähligen Handlungen, die Erzählung aus ihrer Jugend, die wie eine Nährlösung aus Vergangenheit Tropfen für Tropfen hervorquillt. Inmitten dieser Adressen, Stimmungen und Zigaretten, Seufzer und falschen Hoffnungen wird sie durch zwei Dinge verkörpert: Unkraut und Geister.

Im Frühling rupfte meine Großmutter im Garten Löwenzahn aus der Erde. In diesem Garten wuchsen nie Blumen – außer jenen gelben, die nicht willkommen war.

Sie riss die Wurzeln mit heraus. Mein Großvater erinnert sich, dass sie ins Haus zurückging und einfach zusammenbrach, während auf den Kohlenschuppen draußen noch die Sonne schien. Sie hatten fünfzig Jahre lang das Bett geteilt, und er kannte ihre Atemgeräusche ganz genau, aber so hatte er sie noch nie atmen gehört. Ein für sie ganz untypisches, pneumatisches Schnarchen. Meine Mutter kam, wählte in Panik immer wieder die 888 und wunderte sich, warum sie nicht durchkam. Warum keine ruhige, sachliche Stimme sagte: »Notdienst – worum geht es?« Im Krankenhaus erklärte ein Arzt, meine Großmutter habe einen katastrophalen Herzanfall erlitten. An jenem Morgen hatte sie eine halbe Zigarette geraucht und den Stummel mit bloßen Fingern ausgedrückt, um ihn für später aufzuheben. Während die Sanitäter sie behandelten, lag der Stummel noch auf dem Kaminsims.

Es heißt, wenn das Leben eines Menschen zu Ende geht, beschäftige er sich mehr mit der Vergangenheit und dem Beginn seines Lebens. In den Wochen vor ihrem Herzinfarkt sprach meine Großmutter ständig von ihren Eltern. »Ich gehe nach Hause«, sagte sie ständig. Als Kind hatte ich etwas über den Hades und den Fluss Styx gelesen. Wann immer ich an Menschen denke, deren Lebensende bevorsteht, steigt dieses Bild in mir hoch: Ich sehe, wie meine Großmutter in ein kleines Boot steigt, mit ihrer knotigen Faust das Ruder greift und zu ihren Eltern hinüberfährt.

Ich sehe sie auf dem Deck eines Schiffs, mit Kopftuch und nass vom spritzenden Meerwasser. In den Ferien nahm sie manchmal die Fähre oder machte Tagesausflüge in Städte am Meer, aber außer Irland hat sie nur England bereist, dessen verregnetes, dunkles Wetter ihr aus der Heimat vertraut war. Dieses unerwartete Fokussieren auf die Vergangenheit, der historische Blick über die Schulter, führten auch dazu, dass sie von Abenteuer sprach: von der Lust auf Reisen, auf neue Orte. Wir waren von dieser unvermittelten Ankündigung so schockiert, dass wir uns nie fragten, was dahinterstecken könnte oder wohin sie gehen würde. Ich schlug eine Flugreise zu irgendeinem europäischen Ziel vor, weil sie mit ihren zweiundsiebzig Jahren noch nie in einem Flugzeug gesessen hatte. Sie besaß keinen Reisepass. Sie mochte Küstenstädte, aber in ihrer Vergangenheit gab es keine Riviera oder Costa. Vielleicht wusste sie, dass ihr nicht mehr viel Zeit blieb, und spielte uns zuliebe mit, weil ihr klar war, dass sie ihre Versprechen nicht mehr würde erfüllen müssen.

Sie hatte immer gern Geistergeschichten erzählt. Nicht solche über Gespenster, Todesfeen oder den Schwarzen Mann, der einen in der Nacht holt, sondern über die Geister, die sie kannte. »Man sollte mehr Angst vor den Lebenden haben als vor den Toten«, sagte sie in jeder Lebenslage – auch wenn kein übernatürlicher Rat vonnöten war. Ich wusste, dass sie ihren Vater meinte, aber sie ließ sich Zeit mit der ganzen Geschichte. Meine Mutter und meine Tanten erzählen sie noch heute.

Er arbeitete als Geldeintreiber für Versicherungen, aber wegen seiner Größe und seines Gebarens hielten die Leute ihn für einen FBI-Mitarbeiter oder ein Mitglied einer Elitetruppe der irischen Polizei. Er fuhr auf einem Motorrad durch die Stadt. Eines Nachmittags wich er auf seiner üblichen Runde einem Kind aus und knallte gegen einen Laternenpfosten. Er wurde schwer verletzt und lag drei Wochen im Koma, ehe er starb und meine Urgroßmutter Mary jung zur Witwe machte. Sie hatte vier Kinder und war zum Zeitpunkt des Unfalls schwanger. Zu den miteinander verschränkten Geistergeschichten in meiner Familie gehört ein seltsam prophetischer Satz, den ihr verstorbener Mann oft gesagt hatte: »Ich werde dich nie mit einem kleinen Baby zurücklassen.« Die Trauer löste eine Fehlgeburt aus, und kurze Zeit später starb der jüngste Sohn. Meine Urgroßmutter hat insgesamt zehn Söhne zur Welt gebracht, und nur einer erreichte das Erwachsenenalter. Welche Art Stille herrscht in einem Raum, in dem ein Baby aufhört zu atmen oder nie zu atmen beginnt? Ich fragte mich, ob sie je die Geister ihrer Kinder sah, beinahe eine Fußballmannschaft kleiner Jungen, aufgereiht im Schatten.

Ihre Tochter, meine Großmutter, wurde erwachsen – vielleicht zu schnell. Ihr Leben war unbeständig, geprägt von Armut und einer Trauer, aus der Angst und später, mit achtzehn Jahren, ein Nervenzusammenbruch wurde. Sie war überzeugt, ihre Mutter würde sterben und sie mit den zwei Geschwistern allein zurücklassen. Während andere Mädchen ans Erwachsensein und Heiraten dachten, kämpfte sie gegen die Depression.

Wie winzig oder fragmentiert ein Leben auch sein mag – jeder fürchtet dessen Auslöschung: den Tod eines Elternteils, das Sterben vor den eigenen Kindern, eine Krankheit. Man fürchtet unaussprechliche Ereignisse, unbegreifliche Momente, die anderen zustoßen könnten. Die Angst vor diesen Dingen, allein die Vorstellung war zu viel für meine Großmutter. Sie lebte mit dem ewigen Gefühl, dass diese Dinge jederzeit eintreten könnten, und dieses Gefühl verdunkelte ihr Leben. Die Familie lebte im Hinterzimmer eines Mietshauses im Süden Dublins. Um zu überleben, arbeitete meine Urgroßmutter als Hebamme und Totenwäscherin. Sie half Menschen in die Welt hinein und aus ihr heraus. Die einen Seelen waren rein wie ein leeres Blatt, die anderen trugen das Gewicht eines ganzen Lebens. Außerdem arbeitete sie noch als Weberin und saß stundenlang am Webstuhl. Wenn sie zur Arbeit ging, schloss sie die Tür ab, um die Kinder in Sicherheit zu wissen.

In diesen Momenten tauchte er auf.

Meine Großmutter begann die Geschichte immer mit dem Moment, in dem sie den Schlüssel ins Schloss steckte. Sie hörte, wie ihre Mutter die Treppe hinunterging, und wusste, dass sie den Tag über allein sein würde. Als ihr Vater ihr zum ersten Mal erschien, schrie meine Großmutter so lange, bis die Nachbarn die Tür aufbrachen. Irgendwann wurde es zur Routine: Ihre Mutter ging, und er blieb jeden Tag bis zu ihrer Rückkehr da. Erst nach ein paar Tagen wurde meiner Großmutter klar, dass er Wache hielt. Sie gewöhnte sich daran, dass ihr verstorbener Vater auftauchte, aber ihre Geschwister sahen ihn nie. Der Geist war ihr Beschützer. Er sah so echt aus, dass sie sogar die Farbe seines Mantels benennen konnte (er war braun und von Crombie).

Die Befähigung zum Medium stammt in meiner Familie von der mütterlichen Linie. Meine Urgroßmutter behauptete, durch die Betrachtung der Handkarten während eines Spiels die Zukunft der betreffenden Person vorhersagen zu können. In dem schlecht beleuchteten Mietshaus lebten ganze Großfamilien zusammen in nur einem Zimmer. Die sanitären Bedingungen waren schlecht, Platz gab es keinen, aber auf den Stufen im Treppenhaus trafen sich die jungen Männer zum Pokerspiel. Als meine Großmutter eines Abends an der Gruppe vorbeiging, sah sie das Blatt, das einem der jungen Männer ausgeteilt worden war.

»Wollen Sie verreisen?«, fragte sie ihn.

»Nein!«, antwortete er ungläubig.

»Laut Ihren Karten werden Sie segeln. Sie werden mit einem Schiff fahren.«

Er lachte sie aus, und sie ging die Treppe hoch zu ihren Kindern.

Weil ich diese Geschichte so oft gehört habe und in unserer unerklärlichen Welt solche Dinge passieren, kann ich Folgendes berichten: Am nächsten Tag floh er mit einem Mädchen nach England. Seine Mutter klopfte an Marys Wohnungstür, doch alles, was sie der wütenden Frau sagen konnte, war: »Hätten Sie mir geglaubt, wenn ich es Ihnen erzählt hätte?«

Auf dem Treppenabsatz unterhalb ihrer Wohnung sah meine Urgroßmutter manchmal den Geist eines britischen Soldaten. Seine grünbraune Uniform war selbst im dunklen Treppenhaus noch deutlich zu erkennen. Ehe er dem Kind ausgewichen und ins Koma gefallen war, hatte ihr Mann im Ersten Weltkrieg gedient. Er war nach Hause zurückgekehrt – Millionen andere Männer nicht. Sie lagen in den schlammigen Schützengräben; der rote

Schnee von Mohnblumen bedeckte ihre Überreste. Der Mann auf dem Treppenabsatz war ein Fremder, aber Mary hatte keine Angst vor ihm. Vielleicht war er ein Kamerad, ein Botschafter von anderswo, der ihr sagen wollte, dass es ihrem Mann gut ging.

✶

Púcas
    Kopflose Reiter
        Gespenstische Straßen
            Ein tanzendes Paar am Grand Canal

Geisternonnen
    Eine rotäugige schwarze Katze
        Eine Frau, die durch eine Wand im Hotel geht
(Die Leute sagen, sie hätten so etwas gesehen.)

Die irische Geschichte und Folklore steckt voller Erzählungen von Geistern und bösen Wesen. Wir kennen kein Voodoo oder Juju, aber wir lieben Spukgeschichten und spüren, dass die Toten unter uns weilen. Wir erzählen von Todesfeen, deren traurige Lieder den Tod voraussagen, von Hexen, die sich in Hasen verwandeln, von Robbenwesen draußen im Meer. In harten Zeiten und im Winter erzählten die Iren einander bei Kerzenlicht Geschichten und trugen sie von Haus zu Haus. Diese Geschichten stecken in jeder Grasnarbe und in jedem Ziegel wie ektoplasmischer Mörtel. Die Tradition der Auferweckung der Toten wird wiederbelebt und mit ihr auch die Geschichten über das Leben der Toten. Die Nächte der

Trauer sind für jene, die zurückbleiben, die eines Menschen beraubt sind. Die Welten der Toten und der Lebenden rücken näher zusammen. Das Geschichtenerzählen ist ein Akt der Wiederauferstehung, soll aber auch trösten. Worte können die Erinnerung an jeden Einzelnen am Leben erhalten.

*

»Hast du schon einmal einen Geist gesehen?«

Das Gesagte und das Empfundene passen bei dieser Frage nicht zusammen. Man fürchtet die Antwort, will aber auch nicht, dass sie »Nein« lautet und das Gespräch so belanglos wird wie zuvor. Wir sehnen uns nach dem »Ja«, nach einer Chance, den Atem anzuhalten und auf die Fortsetzung zu warten. »Ja« ist eine Eröffnung, ein Wegweiser am Anfang eines Walds, der uns ins Dickicht lockt. Ich habe oft das Bedürfnis, den Menschen zwei Fragen zu stellen: Ob sie ihre Blutgruppe kennen und ob sie je einen Geist gesehen haben.

*

Wer nicht das Leben haben kann, das er sich wünscht, sehnt sich auf gespenstische Weise nach einer anderen Existenz. Nach einem Geisterleben voller Möglichkeiten, mit Reisen und einer Karriere. Es läuft parallel zum gelebten Leben. Das eine Leben bietet keine Wahlmöglichkeiten und aufgrund der finanziellen Umstände wenig Abwechslung; das andere ist frei von materiellen Zwängen. Für Frauen, die in der ersten Hälfte des 19. Jahrhunderts geboren wurden, hatte die Gesellschaft eine ganz bestimmte Rolle vorgesehen – vor allem wenn diese Frauen nicht das Glück hatten, der Mittel- oder Oberschicht anzugehören. Für sehr viele hielt das Leben nur sehr wenig bereit. Wenig Bildung, die meist mit zwölf, manchmal mit vierzehn Jahren endete. (So ging es Frauen in meiner Familie sowohl mütter- als auch väterlicherseits.) Hochzeit, Kinder, ein Leben als Hausfrau. In der hierarchischen Familienstruktur war es das Los der irischen Mutter, an der Spitze zu stehen und gleichzeitig am wenigsten Macht zu haben. Sie war die Hauptfigur, von der so viel erwartet und die doch gleichzeitig kaum entlohnt wurde. Wenn ich an unsere Geschichte denke, sehe ich diese Frauen. Die Ungesehenen, deren Wut die Luft erfüllt. Kollektiv beklagen sie ihre fehlende Entscheidungsfreiheit.

✶

Mein älterer Bruder scheut die Verbindung des Spirituellen mit dem Paranormalen. Für ihn gibt es kein Leben nach dem Tod; unsere Körper werden nach seiner Überzeugung den Lebewesen im Untergrund zum Verzehr anvertraut. Aber er kann nicht erklären, warum er prophetische Träume hat oder Dinge sieht, die jenseits des wissenschaftlich Erklärbaren liegen. Er kann Auren sehen. Und Geister.

Das winzige Haus – ein Zimmer, Außentoilette, im Winter drinnen oft kälter als draußen – wurde in den 1890er-Jahren von der Dublin Artisans' Dwellings Company für Arbeiter der nahen Guinness-Fabrik errichtet. Die Fenster waren klein und das Haus immer dunkel, vor allem im Winter. Eines Nachts wachte mein Bruder auf. Am Fußende seines Betts saß eine alte Frau. Er rieb sich die Augen, kniff sich und tat alles, um zu bestätigen, dass er hellwach war – doch sie saß immer noch dort. Als er sie später der alten Dame von nebenan beschrieb, sagte diese, ohne zu zögern und als sei es etwas völlig Normales: »Oh, das war bloß Annie.«

Ich weiß nicht, ob man von den Toten zurückkehren kann. Wenn ja, von wo wäre das – vom Himmel? Wenn wir auch die christlichen Vorstellungen ablehnen mögen, gibt es vielleicht doch ein autonomes Land in den Wolken, eine Gemeinde ewigen Lebens und guter Gesundheit. Wenn es so einen Ort gibt und diese Reise möglich ist, muss sie sehr lang sein: Man muss durch die Strato- und die Exosphäre klettern, die Luft und die Chemikalien ertragen, sich den Weg zurück erkämpfen wie ein Bergsteiger mit einem Eispickel. Doch ist die Rückkehr von einem unbekannten Ort ein Aufstieg oder ein Abstieg? Religion, Philosophie und Dichtung sind über diese Frage gut informiert und sich einig, dass jener Ort der Himmel ist und sich vertikal über uns befindet. Würde nicht jede tote Seele mindestens ein Mal die Rückkehr versuchen, wenn das so einfach wäre, und einen letzten Blick auf das Leben werfen, an dem sie nicht mehr teilhaben kann? Die Gesichter ihrer Kinder noch einmal sehen, die Blüte der Jugend noch einmal durchschreiten?

»Annie« hatte vor meinem Bruder in dem Haus gewohnt. Er sagte, sie habe wie ein echter Mensch ausgesehen, fest und klar umrissen und dabei fast erstaunt. »Hattest du Angst?«, frage ich. »Nein. Sie schien einfach wissen zu wollen, wer jetzt hier wohnt.«

Aus Sicht meiner Großmutter waren die Toten wohlmeinend; Abbilder der geliebten Menschen, die uns verlassen hatten. Niemand konnte ihr ausreden, was sie gesehen hatte. Sie war streng katholisch, tiefgläubig und glaubte an den Himmel, fand die Geisterwelt aber genauso einleuchtend.

Nach einer meiner Hüftoperationen besuchte sie mich im Krankenhaus. Ich war gerade aus der Narkose erwacht und übergab mich mit der Regelmäßigkeit einer Ampelschaltung. Rot, Pause, Grün, Erbrechen. Die Schwester maß meinen Blutdruck und zählte dabei im Kopf. Meine Großmutter beobachtete die Szene und bat die Schwester schließlich, auch ihren Blutdruck zu messen. Ich erinnere mich nicht an das Ergebnis oder an den Wert, den die Schwester nannte. Vielleicht war er schon zu hoch. Vielleicht sendete ihr Herz schon damals Signale aus.

*

Zwanzig Jahre zuvor lag der jüngste Sohn meiner Großmutter in einem anderen Krankenhaus und unterzog sich einer komplizierten Wirbelsäulenoperation. Danach schwebte er in Lebensgefahr. In der Nacht öffnete er, müde und unter Medikamenteneinfluss, die Augen. An seinem Bett stand ein makellos gekleideter Mann, den er am Mantel und am Hut erkannte. Vielleicht war das eine Halluzination im Medikamentenrausch, vielleicht eine optische Täuschung. Aber in dieses Krankenhaus und in genau diese Abteilung war auch mein Urgroßvater nach seinem Unfall gebracht worden. In Zeiten der Krankheit nimmt der verletzliche Körper alles, was er kriegen kann, selbst die Erscheinung eines längst Verstorbenen, der über uns wacht.

Geistergeschichten sind unheimliche, überzeichnete Versionen dessen, was wir wissen. Eine vertraute Person oder Sache erscheint fremd und beängstigend. Ein Heim wird zu einem Spukhaus, eine wehklagende Frau zu einer schrecklichen Totenelfe. Ein Opfer, das auf dem Schlachtfeld starb, ist dazu verdammt, kopflos über die Felder zu streifen. Auf meine Großmutter aber wirkten diese Geister beruhigend. Ihre Anwesenheit spendete Trost.

Ich war siebzehn und allein zu Hause, als ich von ihrem Tod erfuhr. Eine Freundin meiner Mutter rief an, um ihr Beileid auszudrücken – ohne zu wissen, dass ich die Neuigkeit noch nicht gehört hatte. Durch den Schock fühlte sich das Haus sofort kalt an. Sie war nicht krank gewesen, wir hatten sie nicht im Hospiz besuchen müssen. Damit hatte niemand gerechnet. Verwirrt und weinend wartete ich darauf, dass meine Mutter aus dem Krankenhaus zurückkam. Langsam wurde es dunkel. Ihr Herz, die Windmühle in ihrer Brust, drehte sich nicht mehr. Ihre Kinder wollten nicht, dass sie die Nacht in einem Bestattungsinstitut verbrachte. So wurde sie nach Hause zurückgebracht – in jenes Haus mit der Spülküche und dem Löwenzahn, dem alten Sofa und dem Bad neben der Küche. In dem Schlafzimmer, das sie mit meinem Großvater geteilt hatte, wurde sie aufgebahrt. Kerzen brannten; die Spiegel wurden mit weißen Tüchern verdeckt. Jemand legte ihr einen Rosenkranz in die wächsernen Hände. Dies war meine erste Begegnung mit einem Leichnam. Die marmorne Haut, die Härte eines ehemals weichen Gesichts, das Eis in den Adern. Im Zimmer unterhalb des

Aufbahrungsraums hing ein Foto, das meine Großeltern kurz nach ihrer Hochzeit zeigte. Im Sarg und mit ihren 40er-Jahre-Locken sah sie eher aus wie diese jüngere Frau. Jemand sagte, der Bestatter habe wunderbare Arbeit geleistet. Der rosa Lippenstift passte nicht; ich hatte sie noch nie geschminkt gesehen. Die Falten in ihrem Gesicht waren alle verschwunden. Die Jahre, in denen ihr Vater starb und sie in dem Mietshaus lebte, Frühgeburten und postnatale Depression durchlitt, waren mit dem Stillstand ihres Herzens weggewischt. Im Leben war sie oft spröde und schnell reizbar gewesen. Aber sie hatte gelitten, und ihr Wesen war eine Form der Verteidigung. Es fiel mir schwer, ihre ältere Version, die ich kannte, mit dem nervösen Mädchen in Einklang zu bringen, das sie als Teenager gewesen war und das sich derart vom Gedanken an den Tod geliebter Menschen verfolgt gefühlt hatte, dass es sich in sein Inneres zurückzog.

✶

»Hast du schon einmal einen Geist gesehen?«

Ich frage mich das, oder du fragst es mich. Die Frage wird jedenfalls gestellt. Die Antwort lautet sowohl Ja als auch Nein. Aber die Frage ist falsch. Sie sollte zugleich genauer und weiter gefasst werden – als Widerspruch:

»Bist du schon einmal einem Geist begegnet?«

Die Sprache der Geister ist visuell. Schwebend, ätherisch, durchsichtig. Visualisierung als endgültiger Beweis. Validierung durch den Augenzeugen. Also sage ich, ja, ich bin einem Geist begegnet, aber ich habe keinen *gesehen*. Keine verschwommene Geisterform. Aber mehr als einmal habe ich ihre Hände gespürt und ihr Gewicht auf meiner Haut. Als lehne sich eine lebendige Person mit einem Körper aus Fleisch und Blut an mich. Fühlbarkeit ist nicht das Gleiche wie Sichtbarkeit, aber sie hat ihre eigene Wahrheit.

In den Monaten nach dem Tod meiner Großmutter erzählte mein Großvater mir Dinge über ihren Tod. Es waren sehr spezifische Aussagen:

»Wenn deine Omi irgendwem in der Familie erscheint, dann dir.«

Die Grundlage dieser Aussagen wurde nie erklärt, und ich verstand nicht, warum ich die Auserwählte sein sollte. Immerhin hatte mein Bruder schon einmal Besuch von einem Geist gehabt, konnte Auren sehen und in seinen Träumen die Zukunft voraussagen. Möglicherweise sah mein Großvater eine Eignung zum Medium, die bei den Frauen in meiner Familie vorkommt – selbst wenn ich diese Eignung nicht spürte. Und dann geschah es. Ich widersetze mich dieser Geschichte nicht. Ich versuche nicht, sie zu rationalisieren. Ich schiebe den Gedanken, dass Materie weder erschaffen noch zerstört werden kann, beiseite und lasse es geschehen.

Das Bett in meinem Kinderzimmer im Haus meiner Eltern stand unter dem Fenster. Von dort blickt man auf ein Flachdach. Nach dem Tod meiner Großmutter trat ich monatelang vor dem Schlafengehen hinter den Vorhang und blickte aus dem Fenster in die Nacht. Ich betrachtete die Sterne und sprach mit ihr. Weil ich damals noch an Gott und den Himmel und die Heiligen glaubte, betete ich vielleicht auch zu ihr. Ich machte sie zur Göttin, flehte sie an wie ein Sünder einen Heiligen. Hauptsächlich erzählte ich aber, dass ich sie vermisste, was in der Schule und sonst in meinem Leben los war. Ein Tag nach ihrem Tod war eine Beziehung für mich unglücklich zu Ende gegangen. Ich lag unter dem Fenster, grübelte und konnte nächtelang nicht schlafen. Ich hatte Liebeskummer und weinte, redete mit meiner Großmutter, blickte hoch zum Großen Wagen oder versuchte zu erkennen, in welcher Phase sich der Mond befand. Ich lag auf der Seite und bat sie, die Schmerzen fortzunehmen. Und eines Nachts spürte ich etwas. Eine Hand drückte beruhigend meine Schulter und strich mir dann sanft über den Rücken, wie man es bei einem kranken Kind tut.

Dreh dich um. Dreh dich um. Dreh dich um.

Das befahl mir eine Stimme in meinem Kopf. Mein Körper aber war wie festgenagelt, obwohl ich mich mit jeder Faser umdrehen wollte. Ich öffnete die Augen. Blaues Licht erfüllte den Raum. In diese dunkle Ecke unseres Hauses drang kein Mondlicht, und doch war es hier und erfüllte den Raum. Ich tat, was man in Filmen sieht und was mein Bruder tat, als Annie am Fußende seines Betts saß: Ich kniff mich, riss die Augen auf, sprach mit mir selbst: *Das passiert wirklich, oder? Du bist doch wach?* Ich wusste, dass ich wach war, aber die Angst war stärker als die Neugier. Ich war wie gelähmt und hörte, wie mir das Herz in der Brust klopfte. Bis heute bereue ich es, dass ich mich nicht zu dem blauen Licht umgedreht habe, um herauszufinden, was dort war. Wenn meine Großmutter neben meinem Bett gestanden hat, hätte ich den Anstand haben müssen, sie zu grüßen, zu fragen, wie es ihr gehe und ob sie ihr Leben vermisse.

Vor allem hätte ich mich an ihre Worte erinnern müssen.

Du solltest mehr Angst vor den Toten haben als vor den Lebenden.

Wie sehr ich auch jemanden im Leben geliebt oder um jemanden getrauert habe – die Gräber der Toten besuche ich nicht. Für manche sind Friedhöfe wie Schreine, aber ich spüre dort nichts. Sie sind weit weg von meinen Erfahrungen mit der Person, die ich kannte. Eine Kiste, die in der feuchten Erde vergraben ist, hat keine Ähnlichkeit mit dem Menschen, den ich einst liebte. *Verbrennt mich, wenn ich sterbe, sage ich. Nehmt mir die Ringe ab (und viel Glück beim Versuch, alles Metall aus meinem Körper zu entfernen) und zündet meinen Körper an wie einen Scheiterhaufen.* Über meiner Großmutter wächst jetzt Gras, und ich denke daran, wie sie dieses gelbe Unkraut aus dem Rasen zerrte und nicht wusste, dass der Countdown ihres Lebens bereits begonnen hatte. Ich stelle mir vor, wie sie dort auf der Wiese ihren letzten Atemzug tut – die grüne Hülle ihrer letzten Ruhestätte.

✶

Ehe man sich unter einem Rechteck ordentlich gepflegten Rasens oder hübsch angeordneter Steine wiederfindet, sollte man den eigenen Geburtsort zumindest für kurze Zeit einmal verlassen haben. Wenn ich an meine Großmutter denke, spüre ich die kleinen Kreise ihrer Welt, ihr lineares Leben und dessen detaillierte Karte, ihre großen Verluste und schlaflosen Nächte. Stattdessen versuche ich mir deshalb vorzustellen, wie sie auf dem Markt in Marrakesch um Schüsseln oder Teppiche feilscht oder in Ephesos versucht, der Mittagssonne zu entfliehen. Ich wünsche ihr Hitze in den Knochen und eisgekühlte Limonade unter einem Baldachin. Ich wünsche ihr die Chance, jemand anderes zu werden oder wenigstens ein Mal woanders zu sein.

Die amerikanische Schriftstellerin Barry Hannah sagte, in jeder Geschichte sei ein Geist: Ein Ort, eine Erinnerung, ein lang vergessenes Gefühl. Erfahrungen, die sich nicht ganz zurückziehen; Menschen, die einen Eindruck hinterlassen. Ein dauerhaftes, unsichtbares Überbleibsel. Rußige, haltbar gemachte Erinnerungen, die zu einem Teil von uns werden, wie eine aus Vergangenheit geformte Prothese. Lange Zeit war meine Großmutter ein Gespenst in ihrer eigenen Geschichte und lebte aus Angst und Trauer außerhalb von sich selbst. Auch ihre Mutter wurde heimgesucht. Wenn es ein Leben nach dem Tod gibt oder einen Ort, an dem die Geister der Männer sind, die sie heimsuchten, dann besteht die Chance, dass sie jetzt alle zusammen sind – mit den Frauen, die ihnen vorausgingen, die Armeen von Müttern und Magdalenen, Frauen, die so viel von der Welt wollten, die nie um etwas baten, die über diese Hügel gingen und in den Wind riefen; verschwundene Frauen, niedergerungen vom Schicksal, aber auch Frauen, die für etwas Besseres fortgingen, und Frauen, die blieben, protestierten und aktiv wurden, und alle Frauen, die ohne einen Blick zurück ins Feuer der Zukunft gingen.

WO TUT ES WEH?

Zwanzig Geschichten auf Basis der McGill-Schmerzskala

Die McGill-Schmerzskala wurde 1971 als eine Methode entwickelt, um Schmerz auf einer Skala einzuordnen. Ärzte entwickelten 77 Begriffe für Schmerzen, die in 20 Gruppen eingeteilt sind. Aus jeder Gruppe wählt der Patient ein einziges Wort. Dann wählen sie drei Wörter aus den Gruppen 1–10, zwei Wörter aus den Gruppen 11–15 und je ein Wort aus der Gruppe 16 und den Gruppen 17–20. Der Patient kann dann zwischen 7 Wörtern wählen, die sein Schmerzempfinden beschreiben. Doch wenn es um Schmerz geht, sind Worte oft unzureichend. Der Patient kann mehrere Wörter auswählen, aber Schmerz kann nicht auf einen lexikalischen Eintrag reduziert werden. Es ist schwer, jemandem einen bestimmten Schmerz zu beschreiben, der diesen nie erlebt hat oder dessen Leben weitgehend schmerzfrei war. Ärzte haben die Liste entwickelt und die Deskriptoren ausgewählt. Die Wörter stammen nicht von den Personen, die den Schmerz erlebt haben; sie gehören dem Arzt, nicht dem Leidenden. Dies ist der Versuch einer Wiederaneignung.

Wie viele Male haben Sie Schmerzen gehabt? Hatten Sie alle Worte, die sie brauchten, um dessen Geschichte zu erzählen?

Wie lautet das Vokabular des Schmerzes?

Flackernd, pulsierend, zitternd, pochend, klopfend, hämmernd

Die Verstauchung der Wäscherin

Mein so sehr ersehnter Sohn in der Krippe
ist ein weißes Seehundbaby,
weich und ohne Kanten,
die Augen religionsblau.
Wird dieser Farbton bleiben?

Seine Muschelknöchel,
Hautschale ist eingekerbt.

Ich hebe ihn hoch, er ist beinahe eine Person.
Ich bemerke einen neuen Schmerz
in dem Handgelenk, das ich nicht zum Schreiben
brauche,
ein Pulsieren, ein Pochen.
Der Ursprung ist die Sehne,
nicht der Knochen.

Bald kann ich ihn nicht mehr heben
oder die Milchblasen
aus seinem Bauch locken,

indem ich meine Hand
flach auf seine Wirbelsäule lege.

De-Quervains-Syndrom,
sagt der Spezialist.
Oder *die Verstauchung der Wäscherin*
(nicht *des Wäschers*).
Eine Erinnerung daran,
dass Frauen
waschen, tragen, füttern,
Frauen, deren Körper
geschädigt sind durch die Geburt.

Hüpfend, blitzend, einschießend

Postoperative Drainage-Entfernung

Ein durchsichtiger Schlauch dringt in meinen
Körper ein, eine medizinische Schlange.
Kein Gift oder Biss. Die Entfernung von altem Blut,
Knochenkrümeln, Resten des Eingriffs.
Der Drainagekreis füllt sich, eine weiße
Plastiksonne.
Ich bitte sie, mir zu sagen wann, als stünde ich
bei einem Rennen am Start.
Auf die Plätze – fertig – los!
Sie sollen zählen, als sei ich mit dem Singen auf
der Party an der Reihe.
Betrunken vom Wein, zu später Stunde.
Zählt, und ich öffne den Mund.

1 – 2 – 3!
Sagt mir, wann ihr es macht.
Mache ich.
Sagt mir wann.
O. K.
Sagt mir …

Schmerz sticht ins Fleisch, der Schlauch wird aus dem tiefen Innern gerissen. Er kommt hervor, eine Doppelgängergeburt mit falscher Nabelschnur. Das Loch, das bleibt, eine rote Münze auf der Haut.

Piksend, drehend, bohrend, stechend

Lumbalpunktion

Das Auffinden mit der Nadel, nicht der Rute,
des zerebrospinalen Bluts,
das Anbohren der Wirbel
wie mit dem Korkenzieher.
Welche Traube bin ich?
Gekrümmt wie ein Fötus, konzentriert auf den
höchsten
Punkt im Raum, weil Schmerz
Höhe bedeutet, Höhenkrankheit.
Frisch ausgehöhlt kann ich zwei Tage nicht laufen.
Zu welchem Essen passe ich am besten?

Scharf, schneidend, reißend

Blockierter Weisheitszahn

Ich rede viel,
wusste aber nie,
dass mein Mund zu klein war,
bis ein Mundchirurg es mir sagte.

Diese Worte bringen mich zum Kichern.
Kindisch, ich weiß.
Ein Problemzahn
durchbricht die Haut
seitwärts, nicht aufwärts.
Wie ein Schiff mit Schlagseite,
ein Betrunkener, der am Tresen lehnt.
Er wächst in einen anderen Backenzahn hinein.

Die Haut reißt,
eine Frühlingspflanze
durchbricht die Erde.

Der Chirurg erklärt,
ich hätte
einen kleinen Bissradius.
Das wird meine Freunde amüsieren,
weil die Wörter nur so aus mir herausströmen,
ich bin ein Geysir der Sätze.
Aber jetzt habe ich den medizinischen Beweis
für einen winzigen Mund.

Unter Narkose
dreht sich Metall
in der kleinen Höhle
meines Mundes.
Geschmolzenes Zahnfleisch.
Taubes Erwachen,
der Ziegel aus der Wand meiner Zähne entfernt.

Beim Abendessen erzähle ich Freunden vom
Bissradius.
Wir vergleichen und machen Fotos.
Mein schwuler Freund mit den schönen vollen
Lippen sagt, ein kleiner
Mund wäre ein Problem für ihn.

Wir lachen.
Wein dringt in das leere Bett
des jetzt verschwundenen Zahns.

Kneifend, drückend, nagend, krampfend, quetschend

Unerklärliche Kopfschmerzen

Diese Infekte kehren wieder
wie Matrosen in der Dämmerung
von Dingen, die sie lieber nicht gesehen hätten.

Ist es der Kopf, das Gehirn, der Zahn oder der
Kiefer?

Ich bin eine schlechte Archäologin,
wie die in Indiana Jones,
die an der falschen Stelle graben.

Druck auf Schädel, Wange, Kopf,
gequetschte Sehnen, Nagen an Zellen.
In meinem Schädel ist eine Maus,
die durch mein Gehirn läuft,
dort, wo Gleichgewicht und Haltung kontrolliert
werden.

Durch den Ohrenkanal dreht sich der Schmerz.
Einmal war mir schwindelig, und ich hielt mich
an der Wand fest
wie auf einem sinkenden Schiff.
Ich schwimme zwischen Hammer, Amboss,
Steigbügel.
Die Gehörknöchelchen schwingen.

In der MRI-Röhre läuft Musik: The Carpenters,
»Superstar«.
Ich konzentriere mich gegen den Lärm der
Maschine auf Karen.
Welche Teile meines Gehirns leuchten auf,
wenn ich an Liebe denke? Oder
an Angst? Oder an Karen Carpenter?

*Das ist kein Sarg. Das ist kein Sarg. Das ist
kein Sarg.*

Das Mantra verdrängt das pneumatische Pulsieren nicht. *Bist du hier, Karen?*

Ruckelnd, ziehend, zerrend

Abstrich

Wenn jemand sagen würde, sie hätten dir den Mond
eingeführt, würdest du vielleicht
zustimmen,
die weiße Kälte niederzustrecken.

Die Fußsohlen zusammengepresst
in der Pose der liegenden Göttin
fühlst du dich weniger wie eine Göttin
und eher wie eine Gefangene des Spekulums.

Heiß, brennend, siedend, sengend

Sodbrennen (während der Schwangerschaft)

Es kommt in die Stadt wie ein Fremder, wie ein unbekanntes Auto, das durch die Straßen fährt und das die Mütter durch die Vorhänge beobachten.

Diese Erfahrung kennen viele, aber für mich ist sie neu.

Im Fernsehen läuft Werbung für glibberige rosa Medizin. Schauspieler fassen sich an den Hals, runzeln die Stirn, spielen Unwohlsein vor.

Der Bauch meines Vaters ist komplex und synchron zu meinem Leben. Als meine Mutter mit mir schwanger war, erlitt er einen Darmdurchbruch. Er arbeitete in der Nähe eines Krankenhauses; deshalb starb er nicht.

Doch ein Phantom blieb in seinem Darm zurück, das ihn sein Leben lang verfolgte.

Die Hitze steigt. Die Speiseröhre als Brandrisiko, nicht als Phönix.

Worte fordern das Inferno heraus, werden aber in meinem Mund zu Asche.

Gesucht: ein Hydrant, der mich löscht.

Die Kieferknochen kauen kreidige Tabletten, und
das Brennen wird unterdrückt, als
kämpfte ich mit einem Fluss.

Als ich nicht mehr schwanger bin, gewöhne ich mir an, Jalapeños direkt aus dem Glas zu essen.

Kribbelnd, juckend, schmerzend, stechend

Augenverletzung (bei einem Musikfestival)

Menschen auf jedem Quadratzentimeter Rasen,
Musik von einer gestreiften Markise zur anderen.
Wir tanzen wie Heiden in die Nacht, ins ländliche Stockdunkel,
die Generatoren auf dem Campingplatz brummen, als wir uns
den Weg zwischen Zelten bahnen, die wie Leichen
auf dem Schlachtfeld verteilt sind.

Dann geht ein Auge nicht mehr auf
und vergießt falsche Tränen.
Ein Golfwagen kommt, eine Art Ambulanz,
die lustig durchs Gras hoppelt,
über Bierdosen ruckelt und
über die Geister aus Feenfestungen.
Mit meinem Handrücken mache ich mir
eine Augenbinde wie ein Pirat.

In einem Medizinzelt neigt ein – zu attraktiver – Arzt sanft meinen Kopf. Mit jedem weiteren Fünfundvierzig-Grad-Winkel stellt er persönliche Fragen.

Sind sie mit jemandem hier?

Mit meinem Mann.

Hat jemand Sie verletzt?

Nein!

Ich frage mich, ob das oft vorkommt. Ob Männer ihre Freundinnen unter bunten Fähnchen schlagen, nachdem sie sie in einer aufblasbaren Kirche geheiratet haben. Inmitten all dieses Lebens, eine Faust im Gesicht?

Er sagt, ein Fremdkörper.

Ich denke, zu viel Tanzen, kein Schlaf.

Stumpf, weh, schmerzend, schwer

Nicht Stillen

Heparin
Kohlblätter
Die Traurigkeit
Die Verurteilung

Empfindlich, straff (gespannt), kratzend, spaltend

Narben

Manchmal haben sie Zähne,
einen mit Metall zugenähten Mund,
als protestierten sie.
Geklammerte Haut,
zur Beförderung der Heilung.
Oder sie sind aus Papier,
für flache Wunden.
Medizinfaden, so dicht wie ein Augenbrauenhaar …

Blutplättchen marschieren über den Hügel zum
Schützengraben des Körpers,
Eine Armee von Gerinnungskapitänen.
Sie arbeiten schnell, bis aus dem Weichen ein Saum
wird,
ein Grenzwall auf dem Körper.
Es juckt dermaßen, du kannst es dir nicht
vorstellen.

Du beobachtest den Fortschritt, die Möglichkeit.
Huste nicht, sonst reißt sie auf.
Sie zieht sich selbst zusammen,
Ein gespannter Bogen, ein Schmollmund,
Eine neue Markierung auf deiner Karte.

Ermüdend, erschöpfend

Schwangerschaft

Hunger ist eine Dampflok.
Ich schaufele Essen hinein,
um die Übelkeit zu vertreiben.
Das weiche Becken erweitert sich, ein Löwenmaul.
Der Hals brennt heißer als Kohlen.
Die Blase zieht sich unter deinem Gewicht zusammen.
Schlaf fällt auf den Kopf wie ein Ziegelstein.
Ich verpasse das Ende von jedem Film.

Der Bär im Innern hält Winterschlaf, um dich großzuziehen.

Der Löwe im Innern läuft umher, immer hungrig, nie satt.

Das Pferd im Innern pflügt eine Furche, zerwühlt mich und rührt mich in dich hinein.

Der Wal im Innern taucht tief und leitet deine
Knochen.

Übelkeit auslösend, erstickend

Lungengerinnsel

Kein Atemzug ist tief genug,
um den Brunnen meiner Lunge zu füllen.
Ich atme ganz ein, als röche ich
Regen auf trockener Erde, Bergamotte, Babyhaut.

Auf dem Röntgenbild zeigt der Doktor auf die
Masse,
umkreist sie mit einem Stift.
Kommt das vom jahrelangen gelegentlichen Rauchen?
Nein – das ist ihr Gerinnsel.

Atme, als ginge die Luft zur Neige
in einem Container oder Sarg.
Jeder Atemzug ist eine Klinge in der Brust,
rationiert, bis sie seltener werden,
flach und unvollständig.
Die Lunge kollabiert, Lungenentzündung.
Gegen den Schmerz und um sie aufzublasen,
führt eine Morphiumpumpe in deinen Magen.
Und einen Tag lang ist alles magisch und voller Licht.

Mein Vater sagt, ich hätte
den Sinn des Lebens gefunden.

Was habe ich gesagt? Du beugst dich vor.
Verdammt! Keine Ahnung, Liebling.
Du
- glaubst, dass Leute da sind, die nicht da sind. Weinst entschuldigend.
- hast Albträume mit Blut und Tieren.
- bespritzt deinen Mann mit Badewasser, als wolltest du ein Buschfeuer löschen.

Doch das Gift wirkt.
Die Lunge erholt sich, du saugst Luft ein,
tief wie einen Joint.

Ängstlich, schreckhaft, entsetzlich

Ein Sturz

Vor Publikum interviewe ich eine feministische Wissenschaftlerin. Sie ist klug und lustig. Wir sind uns einig in der Abneigung gegen das Patriarchat, erzählen Geschichten über Anfeindungen, nachdem wir uns die Haare abrasierten.

Männer treffen aufgrund der Haare einer Frau immer Annahmen über deren Sexualität, Verfügbarkeit und Haltung, sagt sie.

Danach, unter dem warmen Junihimmel, stolpere ich auf einer abschüssigen Straße. Ich drehe mich wie ein Derwisch, ehe ich auf den Boden knalle.

Ich schlage auf den Beton. Die Hüfte fängt den Sturz auf, aber sie besteht nicht aus Knochen, sondern aus Keramik und Titan. Die Sterne schimpfen mich wegen meiner Tollpatschigkeit aus.

Im Krankenwagen tue ich, was Frauen eben so tun, selbst wenn sie Angst haben – ich entschuldige mich. Weil ich ihre Zeit, die Liege, den Wagen mit all den Schläuchen und Masken beanspruche.

Ich kenne viele Formen des Schmerzes, aber nicht diese.

In der Röntgenabteilung umringen mich Mitarbeiter.

Auf mein Kommando, hochheben! Mein Körper explodiert von Kopf bis Fuß.

Der Schmerz ist atomar, er verursacht Pilzwolken.

Ich fürchte mich vor dem, was ich getan habe.

Die Keramikkugel in ihrer Hüftprothese könnte explodiert sein.

Wut. Das habe ich mir selbst zugefügt.

Ein Physiotherapeut identifiziert das Problem: schwere Knochenprellung.

So schmerzhaft wie ein Bruch, häufig bei Skiunfällen. (Ich bin noch nie Ski gefahren.) Im heißen Behandlungszimmer sehne ich mich nach Schnee, einem Schneesturm, einer Lawine.

Da haben Sie noch mal Glück gehabt, sagt der Chirurg eine Woche später.

Ungehörter Schmerz

Zu viele Ärzte haben mich schon herablassend behandelt. Ich merke deshalb, wenn man mir nicht glaubt. Wenn ich Worte verwende wie die auf dieser Liste, um physische Schmerzen zu artikulieren und kommunizieren, finde ich manchmal nicht das rechte Wort oder weiß, dass es vielleicht keines gibt. Patienten kämpfen darum, dass ihr Gesundheitszustand erkannt und behandelt wird, dass jemand sagt:

Ich weiß, was das ist, und ich werde Ihnen helfen.

Beim Schmerz geht es darum, die Antwort auf eine vom Körper gestellte Frage zu finden. Über den Schmerz spricht man, um eine Lösung zu finden, doch er wird oft angezweifelt.

Ist es wirklich so schlimm?

Krankheit jeder Art bedarf einer privaten Benennung. Es ist inzwischen allgemein akzeptiert, dass Krankheiten sich in Wartezimmern, auf Stationen und in OPs abspielen. Sie werden öffentlich und machen die Erfahrung der Krankheit politisch: Laut Hannah Arendt ist jede öffentliche Handlung eine politische Handlung. Frauen lernen früh, dass das Ertragen von Schmerzen eine Art Märtyrertum ist, das uns den Heiligen näherbringt – als sei Unwohlsein das gleiche wie religiöse Ekstase. Als habe das Leiden Bedeutung. Aber es hat keine.

Nebenwirkungen von ATRA

Rote und gelbe Kapseln
eine Art Flaggensignal
Billardkugeln
Dosis: neun am Tag
(vier morgens, fünf abends)
fünfzehn Tage lang.
Ein gespaltenes Ritual:
Ist der Morgen gelb
und der Abend rot?

ATRA. All-Trans-Retrinoinsäure
enthält Arsen, ist aber
auf gute Weise giftig.
Nicht Botulinum, Polonium.

Nebenwirkungen:
Kopfschmerzen, schlimmer als ein Kater.
Schuppige, trockene Haut.
Sehprobleme, die Augen streiken.
Formen auf der Netzhaut,
ein rotierendes Hakenkreuz.
ein Fruchtbarkeitssymbol
bis die Nazis es klauten.
Tetraskelion.
Fylfot.
Gammadion.

Vom Auto angefahren (Hüfte)

An einer hohen Betonwand bildet eine Reihe von Kinderarmen eine menschliche Brücke. Ich bücke mich, renne darunter durch, und sie sind frei.

In diesem Spiel bin ich die Heldin und komme triumphierend unter dem letzten Arm hervor. Mit hochgestreckten Armen und bereit für meinen Siegesmarsch laufe ich zwischen zwei geparkten Autos auf die Straße.

Ein rotbrauner Blitz und die Stoßstange trifft mich.
Metall trifft auf Knochen.
Wirft mich zu Boden wie ein Wrestler.
Erst herrscht Verwirrung.

Meine Weichheit auf der Straße,
der blaue Himmel unbeeindruckt.

Steh auf, steh auf

Das ängstliche Gesicht des Fahrers ist immer noch ein Film. Eingefrorene Panik.

Jemand hebt mich hoch, läuft zu meinen Eltern.
Die Kinder hinterher, wie beim Rattenfänger von Hameln.
Ich werde von der Küche in den Flur getragen und versuche die Rufe meiner Mutter zu orten.

Wir verpassen einander in jedem Zimmer,
wie in E.T., als die Astronauten ins Haus kommen.

Der Doktor vor Ort äußert sich knapp.
Nichts gebrochen, Ihnen geht's gut.
Und so fängt es an.
Zum ersten von so vielen Malen
setzen mich Medizinmänner herab
Und nehmen mich nicht ernst, und ich lerne,
dass Mädchen mit so etwas lebenslang rechnen
müssen.

Es schmerzt tagelang. Tief drinnen, nicht nahe der
Oberfläche.
Es gibt keine bleibenden Wunden oder Narben.
Das Genesungsgeschenk ist ein Dschungel-Puzzle.
Ich arbeite mich von den Ecken vor, während blaue
Flecken
wie Seerosenblätter auf meiner Haut erscheinen.

Jahrzehntelang versuchen die Ärzte, das Rätsel
meiner Knochen zu lösen und fragen:
*Sind Sie jemals gestürzt oder hatten Sie einen
Unfall?*
Ich nicke, aber es ist nicht die Antwort auf ihre Frage.

Sich ausbreitend, ausstrahlend, durchdringend, stechend

Brustzysten

Unter all den Wörtern für Schmerz sind diese die wahrsten:
sich ausbreitend, ausstrahlend, durchdringend, stechend.
Schmerz ist eine Verbrühung oder
das von Pfeilen durchbohrte Fleisch des heiligen Sebastian.

In der Brustklinik betrachten Frauen mit blassen Gesichtern die Nachrichten. Dienerinnen mit blauen Handschuhen. Matriarchinnen der Mastektomie. Sie warten darauf, dass Namen aufgerufen werden. Es riecht nach Handdesinfektionsmittel.

Gekörnt ist ein neues Wort. Es klingt nach Müsli, Sandkörnern, Salzsümpfen, Bergkies.

Mondstaub und Weltraumstein, Asteroidengürtel unter dem Fleisch.

Die Schärfe ist überraschend. Ich erwarte weiche Stumpfheit im vielen Fleisch meiner Brüste. Jeder Druck auf die Haut ein kleines Schwert.

Ein Ultraschall zeigt Kohlekreise, Nicht-Planeten.

Bitte sei kein Krebs

Eine Nadel dringt ein, stechend,
dunkle Kugeln werden flüssig, eine übelriechende

Flut
füllt die Spritze.
Knoten lauern noch,
aber ich kenne
jeden Krater und jedes Schwarze Loch,
jeden Zentimeter des körperlichen Sonnensystems.

Straff, taub, drückend, ziehend, reißend

Seitennaht

Sehnsucht nach dem Stechen
in der Seite
vom zu schnellen Laufen
im Alter von acht, vielleicht zehn, diesig.
Über Hecken, durch hohes Gras,
in den Ohren ein triumphierender Soundtrack.
Das Brennen bedeutete, dass man gewonnen hatte.
Ein Rennen so weit weg wie Fäustlinge und
Milchzähne.

Kühl, kalt, eisig

Nervenschädigung

Es gibt Teile meiner Haut,
die nie warm werden,
als lägen sie an heißen Tagen
im Schatten der Bäume.

Nerven kribbeln und leisten zu wenig.
Ein verirrtes Skalpell
küsst mit der Klinge.

Quälend, Übelkeit auslösend, marternd, grässlich, peinigend

Wehen

Ein geplantes Datum für beide Geburten,
kein Schauen-wir-mal
oder Spontaneität.

Wenigstens dachte ich das.

Beide zu früh,
die Kontraktionen kamen,
luden Schmerz ab wie Treibholz.
Mein Sohn lag auf meiner Wirbelsäule
oder versteckte sich vielleicht dahinter.
Bei meiner Tochter
fingen die Kontraktionen Wochen zu früh an.
Gestürzt. Gezogen. Vergessen.
So schlimm, wie alle sagen.
Geeiste Spinalanästhesie
als Hauptspeise.
Mein Bauch, aufgeschnitten
wie für ein Festmahl.

Meine Gynäkologin ist
zweihundertfünfzig Kilometer gefahren,
um dich willkommen zu heißen.

Deine Babys haben es immer eilig, sagt sie.

EINE WUNDE VERSTRÖMT IHR GANZ EIGENES LICHT

Eine Wunde verströmt ihr ganz eigenes Licht,
sagen die Chirurgen.
Wenn alle Lampen in diesem Haus ausgeschaltet
wären,
könnte man diese Wunde
in ihrem eigenen Lichtschein verbinden.

Anne Carson, *The Beauty of the Husband*

Krankheit ist ein Außenposten, auf dem Mond, in der Arktis, schwer zu erreichen. Der Ort einer nicht vermittelbaren Erfahrung, die von jenen Glücklichen, die sie nicht machen mussten, nie ganz verstanden wird. Meine Teenagerzeit ist voll von Krankenhäusern und Arztterminen, von im Kalender eingekreisten OP-Terminen. Fremde Gegenstände, die unter meine Haut dringen. Diese schlecht funktionierende Version von mir war ein trügerischer Ort, den ich nicht kannte und dessen Sprache ich nicht sprach. Der kranke Körper hat einen eigenen narrativen Impuls. Eine Narbe ist eine Öffnung, eine Einladung zu der Frage: »Was ist passiert?« Also erzählen wir ihre Geschichte. Oder versuchen es. Nicht mit unserer Alltagsstimme, nein, das genügt nicht. Um der Krankheit oder dem physischen Trauma zu entfliehen, wählen manche andere Ausdrucksformen. Das erscheint manchmal nötig zu sein. Krankheit versucht, den Leidenden klein zu machen, aber wir leisten Widerstand, indem wir ihre Ausbreitung eindämmen. Die Versuche des Patienten, sein Leiden zu verstehen, gleicht dem Versuch, eine Wunde abzubinden. Manchen dient die Kunst als Ablenkung, als willkommener Fokus, um die Operation und die Langeweile des Patientendaseins auszublenden. Ich interessierte mich vor allem für Schriftsteller und Maler, die von ihren Krankheiten erzählt haben und ihre Operationen und beschädigten Körper in Kunst verwandelten.

✶

Als Frida Kahlo achtzehn Jahre alt war, veränderte ein Busunfall ihr Leben für immer. Später sagte sie darüber: »Das Geländer hatte mich durchbohrt wie ein Degen den Stier.« Die Explosion riss ihr die Kleider vom Leib. Ein anderer Passagier, vielleicht ein Dekorateur, hatte eine Tüte Goldpuder bei seinen Malutensilien. Sie platzte, und der Puder verteilte sich auf der nackten, blutenden Kahlo. Ihr Freund erinnerte sich daran, dass die Leute sie für eine Tänzerin hielten: »La bailarina, la bailarina!« Gold und Rot auf ihrem blutigen Körper, und sie hielten sie für eine Ballerina mit inmitten des Unfalls dekorativ verrenkten Gliedmaßen. Die Chirurgen, die Kahlo zunächst behandelten, glaubten nicht, dass sie ihre Verletzungen überleben würde: Becken und Schlüsselbein, einige Rippen und ein Bein waren gebrochen; außerdem war ein Fuß übel zugerichtet. Ihre Wirbelsäule war an drei Stellen zersplittert – ein Triptychon aus Knochen.

Frida Kahlo hatte in ihrem Leben über dreißig Operationen, darunter die Amputation ihres Beins auf Kniehöhe. Dass sie als Kind an Kinderlähmung gelitten hatte, war schon schlimm genug, doch der Unfall und die Folgen waren katastrophal. Sie litt an chronischen Schmerzen. 1929, im Alter von zweiundzwanzig Jahren, heiratete Kahlo den damals zweiundvierzigjährigen Diego Rivera. Ihre Verbindung basierte auf Kunst, Politik, Flüchtigkeit und Anziehungskraft. Obwohl er ihre Arbeit unterstützte und ihr eng verbunden war, konnte Rivera sich nicht in Frida hineinversetzen. Ihr Leiden gehörte ihr allein. Schmerz – im Gegensatz zu Leidenschaft – verbindet nicht mit einem anderen Menschen. Er hat keine teilbaren Elemente.

Ich entdeckte Frida während meiner Teenagerzeit im Krankenhaus. Unsere Gesundheitsprobleme waren sehr unterschiedlich; ihre waren so zehrend, dass es mich schockierte. Ich wagte nicht, ihr Leiden mit meinem gleichzusetzen, aber unsere Erfahrungen fühlten sich verwandt an. Damals und heute ist mein Körper kaum je frei davon. Ein Leben mit Schmerzen bedeutet Ablenkung, denn jeder Gedanke ist dem Ursprung der Schmerzen nachgeordnet. Schmerz erinnert an die Existenz und ist damit beinahe cartesianisch. Sentio ergo sum: Ich fühle, also bin ich. Eine andere Übersetzung ist patior ergo sum: Ich leide (Schmerzen), also bin ich. Und doch verschließt sich die körperliche Erfahrung den Worten, verweigert sich den Buchstaben. Sie reichen nicht aus. Virginia Woolf schreibt in »Über das Kranksein«:

> Und schließlich ist da als weiteres Hindernis, Krankheit literarisch zu beschreiben, die Armut der Sprache. [...] ein Leidender versuche, den Schmerz in seinem Kopf dem Doktor zu beschreiben, und sogleich versiegt die Sprache. Es gibt für ihn nichts Vorgefertigtes. Er ist gezwungen, selbst Worte für sich zu prägen, und seinen Schmerz in die eine Hand nehmend und einen Klumpen schieren Klangs in die andere [...], muss er sie so zusammenpressen, dass am Ende ein nagelneues Wort herausfällt.

Meine Bewunderung für Kahlo galt immer ihrer Arbeit, der Übertragung des Lebens auf die Leinwand, der Selbstreflexion, der Beschäftigung mit den Tabus von Krankheit und weiblichem Körper. 2005 besuchte ich eine große Retrospektive ihrer Gemälde in der Tate Modern. Von Raum zu Raum wurde ich mit verschiedenen Versionen von Frida konfrontiert. An jeder Wand hing eine andere. Vor ihrem Bild »Die gebrochene Säule« stand ich wie angewurzelt. Es zeigt eine riesige Öffnung in Kahlos Oberkörper, in der ihre gebrochene Wirbelsäule zu sehen ist. Statt als Knochen ist die Wirbelsäule als ionische Säule dargestellt, die auf Kahlos Stoizismus verweist und sich der Unterwerfung unter das Leiden verweigert. Hunderte von Nägeln stecken in ihrem Körper; Tränen rinnen ihr übers Gesicht. Das Gemälde repräsentiert den Schmerz nicht nur, sondern verkörpert ihn physisch. Wann immer ich es sehe, zucke ich beinahe zusammen, weil ich die Empfindungen, die es weckt, nachfühlen kann. Kahlo hatte sich ein Kind mit Rivera gewünscht, aber ihr durch den Unfall beschädigter Körper konnte kein Kind austragen. Ihre erste und dritte Schwangerschaft endeten mit operativen Abbrüchen aufgrund von Gesundheitsrisiken; ihre zweite Schwangerschaft 1932 führte zu einer Fehlgeburt. Kahlos beschädigter Körper arbeitete gegen sie und verweigerte ihr nicht nur die Gesundheit, sondern auch die Chance auf Mutterschaft. »Das fliegende Bett«, »Frida und die Fehlgeburt« und »Frida und der Kaiserschnitt« (unvollendet) entstanden alle 1932. Kunst und Mutterschaft schlossen sich gegenseitig aus, aber die Mutterschaft erscheint – geisterhaft und unverwirklicht – immer wieder auf der Leinwand. In der Geschichte ihres Körpers lauert das Mütterliche außerhalb des Rahmens.

Die verdrehten Knochen, das verminderte Selbstgefühl: Ich fühlte mich Kahlo verbunden. Am Vorabend jeder Operation, nach jedem vernebelten Erwachen aus der Narkose, jedem Nadelstich und Schnitt und nach jeder Punktur dachte ich an sie und an ihren Körper, der sich nicht an die Vereinbarung halten will. 2018 besuchte ich noch eine Frida-Ausstellung, aber diese – im Victoria & Albert Museum – zeigte vor allem Gegenstände aus ihrem Leben. Zu sehen waren Nagellackfläschchen, Gesichtscremes, Kleider und Bücher. Ich aber war gekommen, um die Überreste ihres medizinischen Lebens zu sehen. Die Ausstellung war spärlich beleuchtet; die Räume waren klein und gut besucht. Als ich um eine Ecke bog, stand ich plötzlich vor einem Schaukasten mit ihren Gipsverbänden und medizinischen Korsetts. Unversehens kamen mir die Tränen. Das war die Realität ihres Lebens; diese Gegenstände halfen ihr und schränkten sie gleichzeitig ein. Ich erinnerte mich an meinen eigenen Gips, wie elend und unbeweglich ich mich fühlte, und an die Sorge, die Folgen könnten dauerhaft sein.

In vielen ihrer Selbstporträts wird Frida gestochen oder geschnitten. Die Bilder schrecken vor nichts zurück und zeigen oft zoomorphe Versionen von Frida. In »Das verwundete Reh« (1946) hat sie sich als von Pfeilen durchbohrtes Rotwild gemalt. Unten links im Bild ist das Wort »karma« erkennbar. Zunächst erstaunte mich das Wort. Es scheint unvorstellbar, dass Frida glaubte, ihre Schmerzen verdient zu haben oder für etwas bestraft zu werden. Vielleicht gehe ich dabei von Karma als einem Prinzip von Ursache und Wirkung, von Abrechnung und Wiedergeburt, obwohl es auch Handlung und Arbeit bedeuten kann – so wie Kahlo aus den mit ihrer Krankheit einhergehenden Einschränkungen ein aktives Künstlerleben machte. Ich begreife das Wort, das eines von nur wenigen auf Kahlos Bildern ist, als Zeugnis. Als ein Akzeptieren des Unabänderlichen. Wenn man Glück hat, ist Krankheit wie ein Auto, das von der Straße abkommt und im Graben landet. Man öffnet benommen die Tür und steigt aus. Hat man Pech, stürzt das Auto über eine Klippe in eine Schlucht, explodiert und endet als ein Haufen geschmolzenes Blech.

Nach dem Busunfall 1925 steckten die Ärzte Kahlo in einen Ganzkörpergips, damit ihre Knochen heilen konnten. Er erfüllte seinen medizinischen Zweck, war aber für Frida ein Gefängnis. Aus Langeweile begann sie zu malen. Da sie nicht sitzen konnte, kaufte ihre Mutter ihr eine besondere Staffelei. Später wurde ein Spiegel über ihrem Bett befestigt, damit sie sich selbst malen konnte. Ein Gips verbirgt den Körper. Kahlo versuchte, das darunter versteckte Selbst sichtbar zu machen. Ich selbst war monatelang in meinem Hüftgips gefangen und fühlte mich wie im Grab, aber Frida begriff ihren Gips als Möglichkeit. Alles, was ihrem Körper angetan wurde, wird in ihrer Arbeit sichtbar. Sie dekorierte den Gips und zeichnete einen kunstvollen Drachen auf ihre rote Beinprothese, wodurch sie den eigenen Körper zur Leinwand machte.

*

In den Jahren meiner Bettlägerigkeit wurde ich zur Leserin. Bücher machten das Eingesperrtsein und die Bewegungslosigkeit erträglicher. In den Monaten nach ihrem Unfall flüchtete Kahlo sich in die Malerei. Doch was wäre geschehen, wenn es den Unfall nicht gegeben hätte? Ehe sie die Kunst entdeckte, hatte sie Ärztin werden wollen. Bewegungslosigkeit ist für die Fantasie wie Treibstoff: Während des Genesungsprozesses sehnt sich der Geist nach offenen Räumen, dunklen Alleen und Mondlandungen. Ihre Bilder sind Lehrstücke für körperliche Panik, einen Körper in Gefahr, sie sind eine Möglichkeit, den Schmerz an jene zu kommunizieren, die damit keine Erfahrung haben. Krankheit und Kunst mögen subjektiv sein, aber als ich Kahlos Bilder zum ersten Mal sah, zeigten sie genau das, was ich fühlte, und zwar auf eine Weise, die ich als Teenager nicht beschreiben konnte.

In all den Jahren, in denen sie ihren beschädigten

Körper, ihre Gebrochenheit und Unfruchtbarkeit malte, stellte sie nie den Unfall selbst im Detail dar. Nie zeigte sie den zerstörten Körper und Bus. Nur ein Mal malte sie die Szene nach dem Unfall, in Form einer lithografischen Skizze mit dem Titel »Der Unfall«. Rivera und Kahlo sammelten mexikanische Votivbilder, die den Heiligen als Dank für das Überleben von Krankheit, Verletzung oder Tod überreicht wurden. Eines, das einen Busunfall zeigte, übermalte Frida: Sie machte aus dem Fahrtziel »Coyoacán« und aus dem Gesicht des Opfers ihr eigenes, samt der zusammengewachsenen Augenbrauen.

Auf dem Gemälde »Der Bus« (1929) ist sie selbst neben den Mitfahrern kurz vor dem Unfall zu sehen. Es fängt den Moment ein, ehe ihr Leben sich für immer änderte, den Moment, ehe sie beinahe starb, den letzten schmerzfreien Moment ihres Lebens. Wenn ich ihre Arbeiten betrachte, fällt mir auf, wie sehr die Körpersprache mit all ihrer Wärme und Bewegung im Widerspruch zum medizinisch-wissenschaftlichen Vokabular steht. Für Frida reichten Worte nicht aus. Sie waren zu schwach oder zu allgemein. Während einer Krankheit ist es schwer, die richtigen Worte zu finden. Jo Shapcotts Gedichtsammlung *Of Mutability* von 2010 entstand nach einer Brustkrebsdiagnose. Das Wort »Krebs« taucht in der Sammlung kein einziges Mal auf. Das Buch ist Shapcotts Ärzteteam gewidmet. Worte können uns im Stich lassen, und sie ließen Frida im Stich. Sie konnten nicht ausdrücken, was sie sagen wollte. Für sie war Kunst – nicht Sprache – das Medium ihrer Agonie.

Als Lucy Grealys Gesundheitsprobleme ihr Leben zu beherrschen begannen, versenkte sie sich in die Sprache – in Gedichte und Essays –, um ihrer Situation Ausdruck zu verleihen. Sie wurde 1963 in Irland geboren und zog bald darauf mit ihrer Familie zurück in die USA. Im Alter von neun Jahren wurde bei ihr das Ewing-Sarkom im Gesicht festgestellt. Ein Großteil ihres Kiefers musste entfernt werden; sie bekam drei Jahre lang Chemotherapie und Bestrahlung. Mit Mitte zwanzig und auf bestem Weg, eine gefeierte Schriftstellerin zu werden, hatte sie fast dreißig Operationen hinter sich – genauso viele wie Kahlo. Die ständigen Eingriffe waren ein Kampf mit ihrem eigenen Gesicht. Die Regelmäßigkeit, mit der die Ärzte sie mit Skalpellen aufschnitten, Knochen entfernten und Haut transplantierten, forderte einen hohen Tribut. Die Operationen waren hochinvasiv, und da die Krankheit in ihrem Gesicht verortet war, gab es keinerlei Privatsphäre. Anders als eine Wirbelsäule oder ein Bein konnte sie diesen Teil ihres Selbst nicht vor der Welt verstecken. Ihr zerschnittenes, vernarbtes Gesicht war immer zu sehen. Die Krankheit war eine Last, die Entstellung unabänderlich, und doch war dies nicht der schlimmste Aspekt ihrer Erfahrungen. In einem sehr offenen Interview sagte Grealy: »Der Schmerz, den ich empfand, weil ich mich hässlich fühlte, sah ich immer als die große Tragödie in meinem Leben. Dass ich Krebs hatte, schien dagegen nachrangig.«

Das Vertrauen in ihr eigenes Schreiben kontrastierte mit der durch ihr operiertes Gesicht ausgelösten Unsicherheit. *Autobiography of a Face* ist das einzige Buch, dass mich direkt und tief ansprach, indem es von der

Unsicherheit erzählt, die eine körperliche Erkrankung, insbesondere im jungen Alter, mit sich bringt. Grealy stellt die Körperlichkeit der Narben und der Unvollkommenheit dar, aber sie erfasst auch die Einsamkeit – das Alleinsein – in der Krankheit. Sie erinnert sich, dass niemand, weder die Ärzte noch die Lehrer oder ihre Familie, sie je fragte, was sie durchmachte und wie sie sich fühlte.

In ihrem Werk untersuchte Grealy ihre Operationen aus jedem Blickwinkel. Ein medizinischer Eingriff, die Vorbereitung eines Körpers auf eine Operation umfasst Kontakt und Berührung, Interaktion mit Ärzten, Pflegepersonal und Trägern: Es ist eine Transaktion, ein Austausch. Viele Patienten empfinden ihn als Zudringlichkeit, aber für Grealy war es eine Art Verbindung. Indem sie Hilfe annahm, erhielt sie Aufmerksamkeit. »Nicht ohne eine gewisse Scham empfand ich durch die Operationen eine Art Trost, denn operiert zu werden war etwas Schlechtes, oder nicht? Stimmte etwas nicht mit mir, weil ich es so tröstlich fand, dass man sich derart um mich kümmerte?«

Vielleicht bietet das Schreiben mehr Schutz als die Malerei, weil man sich hinter Tausenden Wörtern verstecken kann. Beim Schreiben stellt man nicht, anders als beim Malen – und speziell in Kahlos Arbeiten –, den eigenen Körper explizit aus. Wörter sind Feigenblätter und verbergen die Nacktheit des kranken Körpers. Frida malte hauptsächlich in Öl und ließ auf der Leinwand scheinbar keinen Teil ihres körperlichen Selbst unergründet. Führen Farbe oder Skulptur zu größerer Distanz als die Fotografie unseres Körpers? Die Form des modernen Selbstporträts hat sich verändert; die monatelange Arbeit an einem Ölgemälde wird nun durch ein Selfie beschleunigt. Hätte Kahlo die Unmittelbarkeit solcher Bilder abgelehnt, den Gedanken, dass ein binnen einer Sekunde aufgenommenes Foto nicht Monate des Schmerzes repräsentieren kann? Überzeugt, dass Ölschichten und Pinselstriche mehr von der Erfahrung bergen. Aber Kahlo versteckte ihren Körper auch unter bunter Kleidung, die vielfach aus der matriarchalisch organisierten mexikanischen Region Tehuantepec stammte. In ihrer Kreidezeichnung »Der Schein kann trügen« von 1934 stellt sie sich als durchsichtig dar. Ihre Verletzungen sind unter ihrer Kleidung sichtbar. »Ich muss lange, weite Röcke tragen, weil mein krankes Bein jetzt so hässlich ist.« Ich denke an die Kleidungsstücke, die ich in jüngeren Jahren gemieden habe: alles, was eng oder kurz war. Enganliegende Stoffe betonten das verhasste Hinken. Mein Bein ist mit dem Alter unvermeidlich kürzer geworden. Mir wurde geraten, dies mit erhöhten Schuhen auszugleichen, um den täglichen Schmerzen in meiner Wirbelsäule entgegenzuwirken. Jeder versteckt sich zuweilen; vielleicht, um das Selbst zu schützen, das wir der Welt darbieten. Manchmal widerstehen wir den Krücken, die lebensnotwendig werden. Letztlich verstecken wir uns alle.

*

Die Fotografin Jo Spence (1934–1992) machte ihren Körper mit absoluter Konsequenz zum Thema ihrer Arbeit. Die Entscheidung, die Linse auf sich selbst zu richten, stand direkt mit ihrer Krankheit in Verbindung. Nachdem bei ihr Brustkrebs diagnostiziert wurde, machte Spence ihn zum Thema, zum eigentlichen Zentrum ihrer Arbeit, und dokumentierte Körperteile vor und nach den Operationen. In der Reihe *The Picture of Health* (1982–86), die sie in Zusammenarbeit mit dem Künstler Terry Dennett machte, gibt es ein besonderes Bild, das mir noch heute Herzklopfen verursacht. Das Foto entstand im Krankenhaus und zeigt die Perspektive eines Patienten, möglicherweise Spences, aus einem etwas weiter entfernten Bett. Die Kamera ist auf eine Gruppe Ärzte gerichtet, die um das Bett eines Patienten herumstehen. In ihrer weißen Berufskleidung sind sie nicht voneinander zu unterscheiden. Der Betrachter sieht nur die Gruppe, nicht die Individuen, aus denen sie besteht. Gruppen mögen Sicherheit vermitteln; in Krankenhäusern haben sie die gegenteilige Wirkung. Sie erscheinen eher bedrohlich. Wenn Fremde in einem derart engen Raum um ein Bett stehen, ist das bedrückend. Es gibt keine Privatsphäre, gegrüßt wird nur selten. Wenn gesprochen wird, dann nur in knappen Worten; die anderen starren bloß und hören passiv dem medizinischen Narrativ zu, das ihnen erklärt wird. »Der Patient hat X, zeigt das Symptom Y und wird mit Z behandelt.« Vor diesen Gruppenvisiten hatte ich große Angst. Ich fühlte mich beurteilt und ohne eigene Stimme, wie ein Forschungsobjekt im Einmachglas. Ich war anwesend, durfte aber nicht an der Diskussion teilnehmen. Auf Spences Foto besteht die Gruppe nur aus Männern.

In *Cancer Shock* beschrieb Spence ein Erlebnis mit einem Arzt.

> Eines Morgens lag ich lesend im Bett, als ich plötzlich mit der einschüchternden Realität eines jungen Arztes im weißen Kittel konfrontiert wurde. Er und sein studentisches Gefolge standen plötzlich an meinem Bett. Ohne sich vorzustellen, konsultierte er seine Notizen, beugte sich über mich und zeichnete ein Kreuz auf die Haut über meiner linken Brust. Während er das tat, leuchteten chaotische Bilder in meinem Kopf auf. Es fühlte sich an wie Ertrinken. Ich hörte diesen Arzt, dem ich nie zuvor begegnet war und der auch ein Taschendieb hätte sein können, sagen, dass meine linke Brust abgenommen werden müsse. Und ich hörte mich antworten: »Nein.« Ungläubig, rebellisch, unvermittelt, wütend, angriffslustig, peinlich, allein und in völliger Unwissenheit.

Spence ist hauptsächlich für ihre Fotografien bekannt, arbeitete aber auch mit Worten, indem sie Collagen aus Zeitungspapier erstellte. *Cancer Shock* ist ein Fotoroman, der Bilder ihrer Medikamente und Operationswunden enthält. Medizinische Darstellungen des Selbst lehnte sie ab und eignete sie sich zugleich in ihrem Werk an. Über *Cancer Shock* sagte sie: »Ich will eine Dokumentation meines entstellten Körpers in scharfem, klarem, medizinischem Stil.« Spence erklärte ihrem Publikum und den Ärzten vehement, dass ihr Körper ihr gehöre, selbst wenn er aufgeschnitten und operiert werden müsse. Die Bilder sind ein Versuch, die Kontrolle zu behalten und die eigene Handlungsfähigkeit zu stärken. Ich begegnete Spences Arbeit erstmals 2012 bei einer Gruppenausstellung in Irland unter dem Titel »Living/Loss: The Experience of Illnes in Art« und konnte mich mit ihrer Mission identifizieren. Ich schrieb einen Text über die Ausstellung, und mein eigenes Leben drang in den Text ein. Heute wird mir klar, dass dies der Anfang der Erkundung meiner eigenen Krankheit war, die hauptsächlich durch Spences Bilder ausgelöst wurde. *The Picture of Health?* enthält eines ihrer berühmtesten Fotos: Am Abend vor einer Lumpektomie steht sie mit nacktem Oberkörper da und blickt ausdruckslos in die Kamera. Auf ihrer linken Brust steht, gefolgt von einem beharrlichen, unbedingt notwendigen Satzzeichen: *Property of Jo Spence?* (Eigentum von Jo Spence?). Das Foto wirkt unerschütterlich, leicht bedrohlich und sehr würdevoll.

Widerstand war für Spence etwas Natürliches. Sie bezeichnete sich nie als Künstlerin, sondern bevorzugte ihre eigene Definition als »kulturelle Scharfschützin«. So verschwimmen die Grenzen zwischen Öffentlichem und Privatem, Subjekt und Objekt. Wie Cindy Shermans Werk ist auch ihre Arbeit eine fotografische Autobiografie. Doch während Sherman sich verkleidet und übertriebene Versionen des Frauseins entwirft, entblößte sich Spence und ging zurück auf eine ungeschönte, echte Frau, die mit der Krankheit kämpft. Ihre Arbeit ist Anti-Camouflage, Anti-Opfersein. Dass sie zur Statistik im öffentlichen Gesundheitssystem wurde, machte sie zum Objekt und entmenschlichte sie und inspirierte sie zugleich, sich zu wehren. »Irgendwann begann ich, den Körper als Schlachtfeld zu betrachten«, schrieb sie.

Für Künstlerinnen innerhalb der patriarchalischen Kultur ist es schwer, davon nicht vereinnahmt zu werden – fetischisiert, feminisiert, sexualisiert. Kahlo wurde erst kürzlich als Barbiepuppe unsterblich, mit aufgehellter Haut und symmetrischem Körper. Ihre Behinderung und ethnische Herkunft wurden per Airbrushtechnik entfernt. Vor der Ausstellung im Victoria & Albert Museum schrieb eine Journalistin über Kahlo: »Ihre Selbstporträts sind dekorativ, aber nie anstrengend. Wie jede große Marke hat sie ein Image, das in seiner Einfachheit beinahe kindlich ist.« Kahlos berühmte Augenbrauen verglich sie mit dem Nike-Logo. Diese Gleichsetzung übersieht absichtlich Kahlos fundamental radikale Darstellung von Selbst und Identität in ihrem Werk.

Sichtbarkeit ist eine entscheidende Motivation für viele Künstler und besonders für Spence. Wenn Menschen sich in einer Kultur nicht repräsentiert finden, spüren sie die Notwendigkeit, diesen Repräsentationsraum zu erschaffen. Als Frau, zumal als ältere, kranke Frau aus der Arbeiterschicht, sehnte sich Spence nach dieser Repräsentation, nach einer Kunst für sie und für Frauen wie sie. Mit Rosy Martin arbeitete sie an der Reihe *Photography*, die komische und feministische Konzepte mit der Möglichkeit der Heilung von körperlichen Leiden oder Traumata kombiniert. Die Arbeit ist provokant, enthält aber einige der verspieltesten Bilder, die Spence je schuf. Sie zeigt sie etwa als Hausfrau, die an einem Babyschnuller nuckelt, und als ikonische *Rosie the Riveter* mit Zigarette. Manchmal wählte Spence Humor, um mit ernsten Themen wie Sterblichkeit und Trauma umzugehen.

Vor jeder meiner Operationen denke ich nicht nur an Kahlo, sondern auch an Spences Fotos: die Ärzte im Kreis, die Schrift auf der Haut. Ich liege mal wieder auf einer Krankenstation, habe die zur OP-Vorbereitung nötigen Medikamente genommen, trage das vertraute Krankenhaushemd. Eine Schwester kommt und zeichnet mit einem (schwarzen oder blauen?) Filzstift etwas auf meine Haut. Ein »L« in einem Kreis, um das richtige Bein zu markieren. Die vorübergehende Markierung geht der Naht voraus, die irgendwann verblassen, aber nie ganz verschwinden wird. Ich betrachte diesen Akt als eine Art künstlerischen Prozess: Kunst als Belehrung und Richtungsvorgabe. Letztes Jahr zeichnete ein Arzt vor Mammografie, Ultraschall und Biopsie Kreise um die Zysten in meinen Brüsten. Auf dem Bildschirm sahen sie aus wie Hagelkörner oder Kometen.

*

Bei der Beschäftigung mit Lucy Grealys Werk habe ich das Gefühl, dass ihr Eintauchen total ist, dass sie nie zurückweicht, selbst wenn man sich dem eigentlich nicht aussetzen kann. Bei Kahlo herrschen Reglosigkeit, Starre, steife Posen, bei Spence Energie und Bewegung. »I Framed My Breast for Posterity« zeigt Spence zu Hause – nicht im Krankenhaus – von vertrauten Gegenständen umgeben und erinnert uns daran, wie die Krankheit in ihren Alltag drängt. Sie befindet sich im Zentrum des Bildes, und links von ihr ist ein Foto einer Gruppe von Arbeitern – allesamt Männer. Spences Oberkörper ist bis auf eine Perlenkette nackt. Unter ihrer linken Brust befindet sich ein Verband, der wie eine Markierung für eine Stelle ihres Körpers wirkt. Vor die Brust hält sie einen Holzrahmen, wodurch dieses Körperteil zum Fokus des Bildes wird. Spence sagt uns – zeigt uns –, dass ihr körperliches Selbst keine flüchtige Ansammlung von Haut und Zellen ist, sondern in der Kunst zum unsterblichen Werk wird. Während der Jahre meiner Hüftoperationen versteckte ich meinen Körper oft. Spence stellte ihren Körper selbstbewusst aus und machte ihn zu einer Aussage.

Kahlo starb 1954 im Alter von siebenundvierzig Jahren, ein Jahr nach der Amputation ihres Beins. Spence starb 1992 an Leukämie (war es die gleiche Form wie meine?), und Grealy, die von Schmerzmitteln abhängig wurde, starb zehn Jahre später mit neununddreißig an einer Überdosis Heroin. Die Darstellung einer Diagnose in der bildenden Kunst oder mit Worten ist der Versuch, uns selbst das Geschehene zu erklären, die Welt zu dekonstruieren und auf unsere Art wieder zusammenzufügen. Vielleicht gehört es zur Heilung, eine lebensverändernde Krankheit auszudrücken. Aber genauso wichtig ist es, den spezifischen individuellen Ausdruck dafür zu finden. Kahlo, Grealy und Spence waren für mich Lichter in der Dunkelheit, sie führten mich wie ein Sternbild, eine dreieckige Konstellation. Sie zeigten mir, dass parallel ein kreatives Leben möglich war und dass dieses Leben das Patientenleben verdrängen, ihm die Hauptrolle streitig machen kann. Dass es möglich war, krank zu sein und doch nicht die Krankheit zu sein. Sie schufen eine Verbindung von der privaten (isolierten) Welt der Kranken zur öffentlichen Welt der kreativen Möglichkeiten. Die Formulierung von Carson – »eine Wunde verströmt ihr ganz eigenes Licht« – zeigt beispielhaft, was diese drei Künstlerinnen geschafft haben: Sie nahmen die durch Operationen fragmentierten Teile des Selbst und arrangierten sie neu. Sie machten Wunden zu Quellen der Inspiration, nicht zu deren Ende.

DAS NARRATIV DES ABENTEUERS

> An einem frischen, blauen Morgen wegzulaufen, kann zweifelsohne berauschend sein.
>
> Jean Rhys, *The Left Bank*

Das Schild am Ende der Sackgasse ist aus Holz und ungefähr auf Brusthöhe eines Kindes in den Boden gehauen. Wir stellen uns vor, es sei ein Barren, und machen daran Felgumschwung. Für einen elektrisierenden Augenblick steht die Welt Kopf und Grün ist dort, wo Blau sein sollte. Das Schild steht auf einem kleinen Hügel, den wir lachend und kreischend hinunterrollen. Gras klebt an unseren Ellbogen, und der Himmel ist zweigeteilt: Ein Farbton auf dem Hügel, ein anderer, wenn wir unten ankommen.

Es muss Sommer sein, weil die Abende hell sind und die Sonne noch hoch am Himmel steht. Auch der Mond ist zu sehen, kreideblass, ein Schatten seines nächtlichen Selbst. Der Mond oder die Farbe des Himmels oder die einsame Wolke sagt mir, wie groß der Planet ist. Weder dieses Grundstück, noch dieser nach einem Pestgrab benannte Vorort, noch diese Stadt sind groß. Die Welt ist da draußen, höre ich.

Schließ deine Augen.
Denk an ein Abenteuer.
Was siehst du?

Vielleicht eines der folgenden Dinge:

A) Segel flattern. Das Deck ist geschrubbt und geteert und stöhnt unter der Last der Fracht. Die Füße verlassen das Land und betreten die Gangway. Der Anker wird gelichtet, das Schiff legt ab, gräbt sich tief ins Meer über Tausende Kilometer. Es beginnt.

B) Hoch auf einem Bergkamm, über dem Basislager, wo das Blut dicker wird. Wolkenloser Himmel, die grelle Sonne überstrahlt die Sicht. Gespannte Seile, Körper als Anker. Aufstieg.

C) Dicht gepackter Schnee, eine gleichförmige Landschaft. Zelte, Essen und Karten gestapelt auf Schlitten. Die einzigen Geräusche: Wind und das Knirschen von Stiefeln auf dem Eis. Jemand stirbt, weil er sich paradoxerweise auszieht – das fiebernde Gehirn ist überzeugt, der Körper überhitze, sodass der Betroffene sich auszieht, als ginge er zum Schwimmen. Die Unterkühlung tritt schnell ein. Die Finger brechen ab wie Zweige.

Solche Geschichten überdauern. Es sind zeitlose Berichte von Ehre und Mut. Abenteuergeschichten, die immer wieder erzählt und jedes Mal mit einer neuen Tatsache oder Unwahrheit ausgeschmückt werden. Abenteuer sind der Dschungel oder das Schiff auf hoher See oder die vielen zurückgelegten Kilometer. Jedes Erzählen ist ein Wiedererzählen, bei dem wir die Leser verpflanzen und uns in der Geschichte verorten. Ich habe mich selbst in diesen Landschaften verortet, bin hineingestürmt, habe mein Zelt im Schnee aufgeschlagen und es wieder eingepackt. Aber jahrhundertelang gehörten diese Geschichten nicht den Frauen.

Wenn ich zurückblicke, sehe ich vertraute Gesichter: Magellan, Amundsen, Captain Cook, Francis Drake, »Dr. Livingstone, nehme ich an?«. Geschichten über tollkühne Männer. Durch die Zeiten hinweg baute das Abenteuernarrativ immer auf Geschichten von Männlichkeit auf. Männer sind sein zentrales Thema, sie sind es wert, Abenteuer zu definieren und zu erleben. Wird unter Sternen geschlafen, durch die Prärie geritten oder durch Strömungen navigiert, beharrt die Geschichte darauf, dass sonnengebräunte, in Pelz gekleidete Männer mit dreckigen Gesichtern dies tun. Die Frauen blieben zu Hause und hielten den Haushalt am Laufen.

Sich einfach auf die Reise zu machen, war traditionell nur einem Geschlecht vorbehalten, und darunter nur jenen mit den nötigen finanziellen Mitteln. Geld und Männlichkeit waren die Voraussetzungen. Die häuslichen Anforderungen fesselten die Frauen ans Haus, und die Männer durften losziehen. Aber sie durften nicht nur fortgehen und sich auf Abenteuer begeben, sondern damit auch alle Verantwortung abgeben, ihren Beitrag zum Unterhalt oder zum Großziehen der Kinder. Kein Wunder, dass die völlige Loslösung von häuslichen und beruflichen Verpflichtungen so einladend schien. Die Weltumsegelung, eines der größten Abenteuer überhaupt, war eine männliche Domäne – bis Nellie Bly beschloss, dass sich das ändern müsse. 1889 plante die amerikanische Zeitung, für die sie arbeitete, eine Wiederholung von Phileas Foggs Reise *In 80 Tagen um die Welt*. Anfangs wurde das Projekt einem männlichen Kollegen angeboten, aber Bly beharrte darauf, dass sie die Reise unternehmen würde. Statt mit Helmkamera und GPS ausgerüstet, brach sie in der Kleidung auf, die sie am Leib hatte, und nahm nur eine kleine Reisetasche mit. Ohne Begleitung – eine Seltenheit für Frauen im 19. Jahrhundert – reiste Bly mit Schiffen und Zügen, vollendete die Reise in zweiundsiebzig Tagen und hielt diesen Rekord für ein Jahr. Bly musste aber mehr meistern als die Reise selbst. Sich die Zusage zu erkämpfen, obwohl die Reise sie wochenlang von der Arbeit fernhalten würde, war wahrscheinlich schwierig. Dass es Widerstand gab, ist beinahe sicher – entweder aus Sorge um ihre Sicherheit, oder vielleicht aus bloßer Beunruhigung über die Aufweichung der Geschlechterunterschiede vorgetäuschte Sorge um eine Frau, die einfach mutig aufbrechen wollte. Frauen, die im 19. Jahrhundert in ein Abenteuer aufbrechen wollten, brauchten die Zustimmung eines männlichen Verwandten. Wie konnte sie es wagen?

In der Geschichte gibt es zahllose Frauen, die die Welt selbstbestimmt entdecken wollten. Die Namen der ersten Frauen, die den Mount Everest bestiegen oder einen der Pole erreichten, sind meist nicht allgemein bekannt (erst 1975 erreichte Junko Tabei den Gipfel des Everest, und

1986 reiste Ann Bancroft ohne zusätzliche Proviantlieferung mit einem Team zum Nordpol). Diese Frauen gelten nicht als echte Pionierinnen, ihre Leistungen nicht als so bedeutend wie die ihrer männlichen Kollegen. Männliche Pioniere gehen unauslöschlich in die Geschichte ein. Ihre Namen werden in der Schule gelehrt, sie werden auf Bildern verewigt und bei Trivial Pursuit abgefragt. Wie viele Frauen gehen der Geschichte durch diesen Auslöschungsprozess verloren?

*

> Ich habe mein Flugzeug vielleicht tausendmal vom Flughafen Nairobi gestartet und habe bei jedem Abheben in die Luft die gleiche Ungewissheit und Aufregung gespürt wie beim allerersten Abenteuer.

Beryl Markham wurde 1902 in den englischen East Midlands geboren. Ashwell ist eine Kleinstadt, die meilenweit von der Küste oder größeren Gewässern entfernt ist. Als Markham vier Jahre alt war, zog ihre Familie nach Afrika, und das Mädchen verlor sich schnell in der Hitze Kenias. Sie war rastlos, immer auf der Suche nach Abenteuern und trainierte zunächst Pferde, war aber in der Luft am glücklichsten. Als ausgebildete Pilotin sehnte sie sich nach der orangefarbenen Weite des afrikanischen Himmels, dem Wind und der Möglichkeit, die Landschaft von oben zu betrachten. Sie verbrachte Tausende Stunden in der Luft, lieferte Post aus und suchte für Safarijäger nach Wild. Aufgrund einer Wette wurde sie die erste Frau, die den Atlantik allein von Osten nach Westen überflog. Für den vierundzwanzigstündigen Flug packte sie nur ein Sandwich und eine Thermoskanne mit Kaffee ein. Das Cockpit (dessen Bezeichnung an die Männlichkeit des Luftraums gemahnt) ihres Flugzeugs war hölzern und eng.

Vor der US-Küste fror die Benzinleitung ein, sodass Markham in Nova Scotia notlanden musste. In der Pathé-Nachrichtensendung ist sie lächelnd in weiten Hosen zu sehen; ein Pflaster verdeckt eine kleine Wunde auf ihrer Stirn. Markham schrieb außergewöhnliche Memoiren über ihre Erfahrungen, die ihr viel Bewunderung einbrachten, darunter auch von Ernest Hemingway: »Sie hat so gut und wunderbar geschrieben, dass ich mich meiner selbst als Schriftsteller gänzlich schämte. Ich fühlte mich nur noch als Schreiner der Worte, der aufhob, was gerade dalag, und es zusammennagelte und dem manchmal ein akzeptabler Schweinestall gelang.«

Um seine Schriftstellerkollegin nicht zu sehr zu loben, erinnerte Hemingway seinen Verleger Maxwell Perkins daran, dass Markham eine Frau war (er nennt sie sogar »Mädchen«) und dass sie fürchterlich sein müsse, wenn sie so gut mit Worten umgehen könne: »Aber dieses Mädchen, das meines Wissens sehr unangenehm und vielleicht sogar eine große Zicke ist, stellt uns, die wir uns als Schriftsteller begreifen, mit ihrem Schreiben in den Schatten. [...] Es ist wirklich ein verdammt wundervolles Buch.«

*

Abenteurerinnen wurden immer misstrauisch beäugt, als schmälerten ihre Akte der Selbstverwirklichung die Leistungen ihrer männlichen Kollegen. Das Bedürfnis zu reisen löste eher Unverständnis aus – warum sollte eine Frau sich so weit vom Herd entfernen wollen, vom häuslichen Alltag, von der Beschränkung, vom Versorgen der Familie mit knappen Mitteln, vom stetigen Zurückstehen hinter anderen. Abenteuerlustige Frauen mussten gefürchtet, trotzige Frauen gemaßregelt werden.

Irland war schon immer gut darin, Frauen anhand dieser Charakteristika zu verurteilen. Frauen, die als zu unabhängig galten, zu scharfzüngig waren, zu viele Ideen oder einfach zu viele Kinder hatten. Unverheiratete Schwangere wurden in Magdalenenheime abgeschoben und sollten für diese »Rettung« auch noch dankbar sein. Als wäre es nicht schon schlimm und grausam genug, dass junge Frauen den Preis für etwas zahlen mussten, an dem Männer zu fünfzig Prozent Anteil haben. Doch auch andere junge Frauen landeten in diesen Heimen: Frauen, die zu klug waren, zu sexuell, einfach zu viel. Frauen, die ihre Meinung sagten oder sich verweigerten. Frauen, die nicht so leben wollten wie ihre Mütter und Großmütter. Frauen, die in diese Heime kamen, weil sie schwanger werden könnten. Frauen, die kokett, selbstsicher oder unkontrollierbar waren und deshalb vorbeugend eingesperrt wurden – in einem Gefängnis, das nicht Gefängnis hieß. Für Abenteuerlustige endeten die Abenteuer dort. Unter dem jahrzehntelangen Regiment unnachgiebiger Gesetze führten die Reisen von abgelegenen Bauernhöfen zu Mütterheimen oder auf die Dachböden von Verwandten in der Stadt; oder man fuhr nach

England, um ein neues Leben anzufangen. Bis vor Kurzem verließen täglich zwölf Frauen Irland, um Abtreibungen vornehmen zu lassen.

✶

Im 21. Jahrhundert können Frauen fast überall hingehen, aber wenn sie in die Berge, Wälder oder aufs offene Meer fahren, werden sie immer noch wie nebenbei gefragt:

Bist du nicht nervös?

✶

Wenn jemand mich als Kind fragte, was ich später einmal werden wolle, antwortete ich immer dasselbe: Pilotin. Auf einem Flug über Europa durfte ich ins Cockpit, was heute, nach dem 11. September, nicht mehr möglich ist. (Die Krücken hatte ich sicher verstaut.) Der Pilot der Air-Malta-Maschine erlaubte mir, das Steuer anzufassen. Über den Wolken wurde mir plötzlich klar, dass das stundenlange Sitzen auf einem engen Sitz für meine kranken Beine die reinste Folter wäre. Die vielen Operationen bedeuteten, dass ich die medizinische Überprüfung kaum bestehen würde. Doch für ein paar Minuten hielt ich den Joystick, flog durch das klare Azurblau über den Wolken und war glücklich.

✶

Beim Aufstieg in die Luft lässt man alles hinter sich: Länder, Grenzen, Zeitzonen. Vom Boden abheben heißt, ohne Ort zu sein, und für viele Frauen ist der Himmel ihr eigenes Reich. Vor Amy Johnson und Amelia Earhart hob schon die Anglo-Irin Lilian Bland, 1878 im britischen Kent geboren, ab. Nach dem Tod ihrer Mutter zogen ihr Vater und sie zurück an dessen Geburtsort Carnmoney nördlich von Belfast. Über Bland ist zu lesen, sie habe Kampfsport geliebt, gern Hosen getragen, geraucht und sich geweigert, im Damensitz zu reiten. Damit soll Bland als möglichst maskulin dargestellt werden, als eine Frau, die sich von anderen Frauen unterschied. Sie arbeitete als Fotojournalistin und Fotografin, interessierte sich aber schon früh für das Fliegen. Die Gebrüder Wright hatten bereits 1903 Flugzeuggeschichte geschrieben. Bland stellte eigene Untersuchungen an und baute ihr eigenes Gleitflugzeug. Später arbeitete sie an einem weiterentwickelten Modell, in das sie einen Motor einbauen wollte. Das Flugzeug selbst bestand aus Fichte und Esche, die Flügel ebenfalls aus Esche. Den Tank verstaute sie im Fahrgestell. Die Flügelspannweite betrug knapp über sechs Meter. Das Steuer war ein Fahrradlenker. Auf dem Hügel bei Carnmoney führte Bland Flugversuche durch. Ein Junge aus dem Ort und fünf Mitglieder des RIC (Royal Irish Constabulary) hielten das Flugzeug fest, bis der Wind es erfasste. Basierend auf deren gemeinsamem Gewicht berechnete Bland, dass das Flugzeug einen Motor tragen konnte, und kaufte einen Zwanzig-PS-Motor mit zwei Zylindern. Weil die Lieferung sich verzögerte und Bland ungeduldig war, reiste sie nach Manchester und brachte den Motor selbst per Fähre nach Irland. Im August 1910, sieben Jahre nach Orville Wright, gelang Lilian Bland schließlich ein Flug. Die *Mayfly* erreichte eine Höhe von über neun Metern und blieb einen halben Kilometer lang in der Luft. In einem begeisterten Brief, der in der Zeitschrift *Flight* veröffentlicht wurde, schrieb Bland: »Ich bin geflogen!« Damit war sie die erste irische Frau, die ihr eigenes Flugzeug entworfen, gebaut und geflogen hatte. Ihr Vater flehte sie an, nicht mehr zu fliegen und bot ihr ein Auto an, falls sie damit aufhörte, aber Bland hatte schon erreicht, was sie wollte. Die Geschichte ist voller Abenteurerinnen wie ihr: Die Pilotin Mary Heath aus Limerick, die Bergsteigerin Annie Smith Peck, die Entdeckerin Fanny Bullock Workman etwa waren Frauen voller Neugier, die allergisch auf Kompromisse reagierten. Bland, Markham und Bly erzählten Geschichten, nahmen aber auch ihr Schicksal in die Hand und schrieben ihre eigenen Narrative. Sie ignorierten die Ratschläge, Ruhe zu geben und die für sie vorgesehenen Rollen einzunehmen. Doch jeder Amelia Earhart oder Jeanne Baré oder Isabella Bird stehen Millionen von Frauen gegenüber, denen keine Kilometer, Abenteuer oder luftige Perspektiven zugestanden wurden. Arme, kranke oder in ihren Möglichkeiten eingeschränkte Frauen, unbeweglich wie Steine, über deren Rolle in der Welt längst entschieden worden war.

*

Wanderlust wird mit Romantik und Aufregung assoziiert, ist aber nicht für jeden. Routine und Gewissheit sind nicht despotisch, können aber einen Rahmen bilden, der sich für manche beruhigend anfühlt. Abenteuer bedürfen einer gewissen Haltung – dem Bedürfnis, Risiken einzugehen und Veränderungen anzunehmen; der Begeisterung darüber, nicht zu wissen, wo man schlafen wird, jede Nacht in einen anderen Himmel zu blicken. Bleiben ist leichter als gehen.

Abenteuer verlangen Spontaneität: Aufbruch ohne Nachdenken und ohne Blick zurück. Das Maslowsche Bedürfnismodell ordnet menschliche Bedürfnisse in Form einer Pyramide. Die Basis bilden körperliche Notwendigkeiten (Atmen, Wasser, Nahrung, Unterkunft). Über Sicherheit, Liebe/Zugehörigkeit und Selbstwert geht es nach oben zur Selbstverwirklichung – Abenteuer steht also fast an der Spitze. Die Möglichkeit, die Welt zu bereisen, mit einem Heißluftballon zu fliegen oder an einem Rennen um die Welt teilzunehmen, ist höchster Luxus. Für die Armen und die Arbeiterschicht waren Abenteuer mit Kapital verbunden: Die einzige Chance darauf bestand in einem Akt der Selbstkonstituierung. Wer eine Überfahrt brauchte, heuerte auf dem Schiff an, diente reichen Reisenden oder Forschern oder nahm die Schaufel und arbeitete am nordamerikanischen Eisenbahnnetz mit. In den 1960er-Jahren bot die irische Regierung Reisen nach Australien für vierzehn Pfund an – unter der Bedingung, dass die Reisenden zwei Jahre dortblieben. Das war zu lang für einen Urlaub, zu kurz, um ein wirkliches Exil zu sein, aber lang genug, um das Outback oder die Städte zu erkunden.

✶

Als die Irin Dervla Murphy zehn Jahre alt war, bekam sie einen Atlas geschenkt. Sie war fasziniert von den Karten und Ländergrenzen und schwor sich, dass sie eines Tages mit dem Rad nach Indien fahren würde. 1963 fuhr sie im Alter von zweiunddreißig Jahren in Irland los – mit einem Fahrrad, dem sie den Spitznamen Roz gab. Da sie kaum Stauraum für Gepäck hatte, nahm Murphy nur das Nötigste mit: eine Karte, einen Kompass, eine Automatikpistole, Kaliber .25, verschiedene praktische Kleidungsstücke, ein Stück Seife und ein Messer. So radelte sie durch Europa. Ihre Reiseapotheke umfasste hundert Aspirin-Tabletten, sechs Tuben Sonnenschutzmittel, Paludrintabletten gegen Malaria und etwas Kaliumpermanganat gegen Schlangenbisse. Als Lektüre packte sie eine Ausgabe von William Blakes Gedichten und Nehrus Geschichte Indiens ein.

Die Route führte Murphy durch Frankreich und Italien, weiter durch das ehemalige Jugoslawien, Bulgarien, den Iran, Afghanistan und durch das Himalaya-Gebirge nach Pakistan. Oft verließ sie sich auf die Hilfsbereitschaft von Fremden, manche reich, manche sehr arm, und revanchierte sich, indem sie ihre Arbeitskraft anbot. Sie geriet auch in Schwierigkeiten, sei es durch gebrochene Rippen, nachdem sie durch den Griff eines Messers verletzt wurde, schlechte Ernährung und einige Situationen, in denen sexuelle Übergriffe auf sie versucht wurden. Murphys Reisebericht *Full Tilt: Ireland to India with a Bicycle* erschien 1965 in einem Irland, das ihre Motivation nicht verstand und sie am liebsten bestraft hätte. Ihr Heimatland der 1960er-Jahre war der Meinung, dass sich die Erforschung fremder Länder für Frauen nicht gehörte. Die eigenen vier Wände oder höchstens der Garten galten als die Grenzen eines Frauenlebens. Murphy bezeichnete ihre Reisen nicht als Abenteuer, sondern als »Eskapismus« – die Doppelbedeutung ist klar. Als sie auf ihr Rad stieg, verabschiedete sie sich von einem Land, dass neugierige alleinstehende Frauen als Gefahr betrachtete.

Murphy bekam später eine Tochter, die sie mit auf Reisen nahm. Im pakistanischen Baltistan kaufte sie ein ausgedientes Polopferd, um das Kind und das Gepäck zu transportieren, darunter auch Mehlsäcke, weil Essen im Winter dort knapp war. Drei Jahre später, als ihre Tochter Rachel neun war, begleitete sie ihre Mutter die ersten sechshundert Kilometer einer Reise durch Peru auf einem Maultier. Murphy berichtete, die Leute hätten sie wegen ihrer Tochter besser behandelt. Die Anwesenheit des Kindes habe geholfen, ins Gespräch zu kommen und Kontakte zu knüpfen. Man stelle sich vor, eine derart furchtlose Mutter zu haben, die durch ihre Taten zeigt, dass Frauen alles können und dass Unabhängigkeit und Alleinsein wichtig sind.

*

In Irland gibt es die Tradition der *seanachaí* – öffentlicher Geschichtenerzähler, die ihre Zuhörer in Bann ziehen. Jahrhundertelang zogen sie von Haus zu Haus und erzählten gegen Verpflegung ihre Geschichten. Frauen, die gut erzählen konnten, taten dies am Kamin oder in der Küche. Sie durften das Haus meist nicht verlassen, und Frauen, die dennoch *ceili'd* (zum Geschichtenerzählen) andere besuchten, wurden abschätzig betrachtet. Die bekanntesten Geschichtenerzähler, die komplexe Geschichten wie Heldensagen oder sehr lange Erzählungen beherrschten, waren hauptsächlich Männer. Viele der Geschichten waren historisch und berichteten von alten Sagen oder der Geschichte des Landes. In den Erzählungen der Frauen kamen auch Wanderer vor, aber sie selbst durften sich nicht weit vom Haus entfernen. Frauen hatten ihre eigenen komplizierten Geschichten, die sie aus der Erinnerung, ohne Niederschrift, erzählten. Sie saßen in Schals gewickelt am Feuer und erzählten sie anderen Frauen – und Kindern. Namen wie Peig Sayers und Bab Feirtéar erlangten eine gewisse Bekanntheit, aber in den traditionellen Gemeinden, wo das Geschichtenerzählen eine der wichtigsten Formen der Unterhaltung war, standen vor allem Männer im Zentrum. Durch meine Arbeit als Herausgeberin zweier Anthologien mit Kurzgeschichten nur von Autorinnen lernte ich, dass über den Inhalt der Texte von Frauen bestimmte Vorurteile herrschen. So konzentriere sich eine Schriftstellerin aufgrund ihres Geschlechts in erster Linie auf Themen, die angeblich spezifisch weiblich sind. Selbst wenn Frauen über Liebe, Beziehungen, Familien oder den Tod schreiben, wird dies geringer beurteilt, eben als häuslich. Männer, die über dieselben Themen schreiben, gelten dagegen als Schöpfer des großen amerikanischen/irischen/britischen Romans. Sie offenbaren die conditio humana, und niemand wagt es, ihre Arbeit mit Häuslichkeit in Verbindung zu bringen. Verlieben wir uns nicht alle? Haben wir nicht alle Familien, sterben und ficken? Warum wird die Unterscheidung auf Basis der Frage getroffen, wer die Geschichte erzählt?

Der Körper des Abenteurers ist ein Totem. Auf Ferrotypien blicken uns ausgemergelte Gesichter entgegen. Die Augen verraten nichts über die zurückgelegte Distanz, aber in den schlammigen Stiefeln stecken mit Blasen übersäte Füße, und unter der Kleidung verbirgt sich Mangelernährung und Skorbut. Sie sind mit Waffe, Kompass oder Teleskop ausgestattet. Je näher wir der Moderne kommen, umso schwerer ist es, den Gesundheitszustand, das Geschlecht oder die zurückliegenden Strapazen zu erahnen. Heutzutage sehen wir anstelle ausgezehrter Körper sehnige Menschen mit Sunblocker, die statt selbst gemachter Kleidung in Khaki und Braun neonfarbene Outfits von Patagonia tragen. Das Auffälligste an den heutigen Fotos ist aber, dass sie mehr Frauen zeigen.

✶

Der Aufbruch Richtung Horizont bedeutet, einer schimmernden Linie entgegenzuziehen. Immer, wenn ich an einem neuen Ort ankomme, lasse ich die Taschen fallen, drehe mich auf dem Absatz um und gehe los, vorbei an Einwohnern, die nicht wissen, dass man nicht von dort stammt. Das Außenseitertum hat seine eigene Alchemie. Mit jedem Straßenabschnitt, jeder Kreuzung wird man mehr Teil der Szene. Man kann Google nutzen, eine richtige Karte kaufen oder nichts von beidem. Einfach hinausgehen, nach links oder rechts, vorbei an Kreuzungen mit hupenden Autos. Man kann sich an den Rundweg einer kleinen Stadt halten oder die Vororte durchstreifen, man kann ans Meer gehen oder über die Felder ins Hinterland. Oder an Grenzen. An neuen Orten zieht es mich eher zu den Rändern. Ich fühle mich unwohl, wenn ich einen Ort nicht zu Fuß erkundet habe. Lange Reisen können zu Erschöpfung und Orientierungslosigkeit führen, aber sobald ich herumlaufe, akklimatisiere ich mich. Ich sehne mich nach Transaktionen und kaufe Kaffee oder Kaugummi, nur um neue Akzente zu hören oder die fremde Währung zu spüren.

Mit dem Abenteuer kommt auch die Vorfreude, eine notwendige Form der Blindheit angesichts des vorausliegenden Ungewissen. Ungeplante Reisen haben ihre ganz eigene, geheimnisvolle Anziehungskraft. Mit der Entdeckung neuer Menschen und Wege offenbart sich zugleich ein neuer Teil des Reisenden selbst. Aufbrechen heißt, einen alten Teil von sich selbst zurückzulassen. Vielleicht ist dieser – körperliche oder emotionale – Überrest zu schmerzhaft oder zu wertvoll, um mitgenommen zu werden, und muss deshalb entsorgt werden. Etwas Vertrautes, das wir zurückgelassen haben, kann uns wie ein Lichtstrahl, wie eine Kerze auf dem Fensterbrett den Weg zurück nach Hause weisen. Jeder Schritt entfernt den Reisenden weiter von dem einen und bringt ihn näher zu einem anderen Leben, und vielleicht stützt die Erinnerung an den zurückgebliebenen Teil selbst den erschöpftesten Nomaden. Jener Teil von uns, der zurückblieb, ist nicht mehr an uns gebunden und könnte sich verändert haben. Gewiss, es gibt immer die Möglichkeit, ihn zurückzuholen, aber neue Pfade und rote Hügel lassen ihn vielleicht bereits verblassen. Und wenn er gar durch etwas Neues ersetzt wurde, kann sich das großartig anfühlen.

Im Dorf Malin, ganz im Norden Donegals, erlebe ich zwei sehr unterschiedliche Tage. Der eine ist in jede Richtung zyanblau, und auf das kleine Dorf scheint die Sonne so heiß, dass sich beinahe das Gras entzündet. Am Five-Fingers-Strand, einem schmalen Sandstreifen, stehen Schilder, die wegen gefährlicher Strömungen vor dem Baden warnen und vor einbrechenden Dünen. Die Gefahren der Natur sind nie sehr zurückhaltend selbst an wunderschönen Orten. 360 Grad blendendes Licht. Vierundzwanzig Stunden später gießt es in Strömen. Ich breche zum Malin Head auf, dem nördlichsten Punkt Irlands, auf dem sich eine aus Schiffsmeldungen und der Wettervorhersage bekannte Wetterstation befindet. Am Hafen von Malin schlagen die Wellen vier Meter hoch, sie sehen aus wie Skaterrampen. Der Wind ist stark und heult schrill, aber der Großteil des Lärms stammt von den Fischerbooten, die backbord und steuerbord aneinanderstoßen. Es dauert eine Weile, die Wetterstation zu finden, doch ihre Masten weisen schließlich den Weg. Ich hatte eine Art Festung oder Bollwerk erwartet, aber sie ist klein und unaufdringlich. Ich hatte mir etwas Geheimnisvolles vorgestellt, nicht dieses bescheidene Gebäude nahe eines stillen, von der See gepeitschten Dorfs. Es gibt ein ehemaliges Büro der Küstenwache, in dem vor langer Zeit viele Funksprüche eingingen und von dem Rufe nach auf dem Atlantik verschollenen Schiffen abgingen. Ein Ort der Rettung per Morsezeichen.

*

Als Reisende bin ich kompliziert. Mich reizen die Entfernung und die Aussicht auf neue Perspektiven, aber oft enttäuscht mich die Wirklichkeit oder die Kürze der Reise. Seit ich Mutter bin, hat sich das auch verändert. Ich sehne mich immer nach zu Hause und vermisse meine Kinder zu sehr, wenn ich länger als ein paar Tage weg bin. Jedes Ticket ist eine Rückfahrkarte. Ich gehe von Bord. Ich reise als blinde Passagierin. Wie Mark Eitzel einst sang: *On the highways, there's a million ways, if you want to disappear*. Und das tun wir alle manchmal. Wir wollen Chaos oder Ruhe, wollen allen Anforderungen entfliehen, uns dem Zugriff der Technik entziehen oder uns vor Trauer verstecken. Wer verschollen oder nicht zu orten ist, dem bietet sich auch die Möglichkeit, ganz ungebunden abzuheben und sich zu fühlen wie Lilian Bland in ihrem Segelflieger über Carnmoney Hill, Dervla Murphy auf dem Fahrrad im Himalaya oder Beryl Murphy beim Anblick der Küste von Nova Scotia. Abenteuer spielen sich im Unvorhersagbaren ab – an jeder Weggabelung tobt ein Sturm, auf jeder Karte findet sich ein blinder Fleck. Doch wir gehen darauf zu und orientieren uns am Horizont und all dem, was er bietet und verbirgt.

ZWÖLF GESCHICHTEN ÜBER KÖRPERLICHE AUTONOMIE

(für die zwölf Frauen, die täglich fortgingen)

Es ist unmöglich, im heutigen Irland vom Körper zu sprechen, ohne zugleich über Abtreibung zu reden. Besonders schwer zu vermeiden ist das Thema, wenn man als Frau über den Körper schreibt und darüber, was er ertragen und erleben kann. Die Erfahrung eines Körpers, eines Lebens ist ein existenzieller Bogen, eine singuläre Konstellation von Bedingungen, die so nur ein einziges Individuum betreffen. Bis zum Referendum im Jahr 2018 begriff Irland ein Individuum nicht als Einzelwesen. Die Gesetzgebung wendete dieselben rechtlichen Einschränkungen auf alle Frauen an, ungeachtet ihrer individuellen Umstände. Bis zur rechtlichen Umsetzung des Referendums im Januar 2019 konnten Frauen in Irland ihre Schwangerschaften nur auf medizinischem Weg beenden, wenn sehr spezifische und strenge Parameter erfüllt waren. In vielen Fällen wurde das Anliegen selbst dann noch abgelehnt. Jemand anderes, jemand, der mit keiner ungewollten oder krisenhaften Schwangerschaft belastet war, entschied, was das Beste war. Nicht-Irinnen brauchen zum Verständnis einen gewissen Kontext, denn diese Situationen kamen nicht aus dem Nichts, sondern entstanden durch Kontrolle und Zwang.

1983 fand ein Referendum über Abtreibung statt, dessen Folgen in alle späteren Entscheidungen und Debatten über das Thema hineinreichen. Die Menschen beschlossen den sogenannten Achten Zusatz zur Verfassung, der den Fötus dem Leben der schwangeren Frau gleichstellte – ob es sich dabei um einen wenige Wochen alten Embryo handelte oder um einen fast dreiundzwanzig Wochen alten Fötus. Beide wurden damit körperlich – und rechtlich – gleichgestellt. Es ging um die ersten Tage und Wochen, um die Phase des Zellhaufens, des Noch-kein-Baby-Seins. Seit 1980 haben über 150000 Frauen Irland verlassen, um abzutreiben. Die Grenzen zwischen Körper und Gebärmutter sind verschwommen: ein Gefäß im Gefäß. Der physische Körper, also die sichtbare Kombination aus Knochen und Haut, die wir der Welt darbieten, gehört seiner Besitzerin nicht mehr, wenn er eine ungeplante oder ungewollte Schwangerschaft birgt. Viele Menschen erinnern Frauen nur allzu gern daran.

Im Juli 2017 marschieren Hunderte Menschen durch die Straßen Dublins. Es sind hauptsächlich alte Männer und Frauen, die böse zu den Befürwortern des Rechts auf Abtreibung hinüberschauen, die am Straßenrand stehen. Ein alter Mann schreit die Frauen auf dem Gehweg an: »Mörderinnen!« Der von organisierten Abtreibungsgegnern veranstaltete Marsch nennt sich »Rally for Life«. Die Gruppe hält Poster hoch, auf denen sie fordert, »beide zu lieben« – Mutter und Fötus. Es sind Menschen, die Angst haben – aber nicht wegen des aus ihrer Sicht bevorstehenden Todes

des »Ungeborenen«. Der Gebrauch des Sammelbegriffs der »Ungeborenen« ist entscheidend. Die Abtreibungsgegner haben »Fötus« und »Baby« immer gleichgesetzt, setzen den unscharfen Begriff »Ungeborenes« aber gezielt politisch ein. Der Begriff scheint alles zu umfassen und kommt den komplizierten Umständen jeder einzelnen Schwangerschaft doch nicht einmal ansatzweise nahe.

Zwischen Bannern mit der Jungfrau Maria (der Schutzheiligen der Menschlichkeit, nicht der Keuschheit und Jungfräulichkeit) und Unserer Lieben Frau von Guadalupe (Schutzheilige der Ungeborenen) ziehen die Überbleibsel aus der Vergangenheit die Straße entlang. Ihr Alter ist nicht das Problem; viele ihrer Altersgenossen sind für das Recht auf Abtreibung. Aber sie stehen für eine Zeitkapsel aus den 1950er-Jahren, die voller Aussagen über das Leben von Frauen steckt. Angesichts ihrer Religiosität ist ihr fehlendes Mitgefühl für schwangere Frauen atemberaubend. Die ach so Heiligen finden es kein bisschen unangemessen, Poster mit drastischen Bildern herumzutragen oder Frauen in die Hölle zu wünschen. Die Menge repräsentiert eine Geisteshaltung, die Verhütung jahrzehntelang bekämpfte und damit Zigtausende ungewollte Schwangerschaften auslöste. Diese Schwangerschaften waren für Generationen junger Frauen eine immense Bürde: Sie hatten »außereheliche« Kinder, waren lebenslanger Verachtung ausgesetzt und wurden gegen ihren Willen in Magdalenenheime oder Mutter-Kind-Heime abgeschoben. Irische Neugeborene wurden jungen Müttern weggenommen und adoptiert oder verkauft. Die jungen Frauen waren zudem eine Einkommensquelle für Nonnen und private Mütterheime, weil sie dort als Arbeitskräfte zur Profitmaximierung eingesetzt wurden. Kommt herein, Mädchen! *Hier sind Eure Overalls, gebt Eure Babys her!*

✶

Vor einigen Jahren besuchte ich ein Literaturfestival und las einen fiktionalen und einen nicht fiktionalen Text vor. Beide beschäftigten sich zufällig mit dem Thema Abtreibung. Während der anschließenden Fragerunde sagte mir eine kluge, lustige Schriftstellerkollegin, die einige Zeit in New York gelebt hatte, ich sei eine politische Autorin. Bin ich das? Ich hatte nie darüber nachgedacht. Ich war überrascht; die Kollegin hielt mich für beleidigt (was ich nicht war). Sie fragte, ob ich den Gedanken ablehne (was ich wirklich nicht tat), dass die anatomischen Themen in meinen Texten mit der Körperpolitik in Zusammenhang stehen. Das ist eindeutig der Fall. Was oder wie auch immer man über den weiblichen Körper schreibt, sei es über Fortpflanzung oder Sexualität, Krankheit oder Mutterschaft: Es ist immer politisch. Frauen werden auf das Körperliche reduziert, damit sie leichter übergangen werden können. Damit über sie entschieden und geurteilt werden kann und die entsprechenden Gesetze verabschiedet werden können. Doch die Dinge ändern sich. Die Menge wächst, die Stimmen sind lauter. Freundinnen gehen mit Abtreibungsgeschichten an die Öffentlichkeit, um zu zeigen, welche Auswirkungen die Entscheidung auf ihr Leben hatte.

✶

Es ist der 8. Mai 2018. Noch siebzehn Tage bis zur Volksabstimmung über die Abtreibungsgesetze. Ich stehe vor der Tür einer fremden Person. Irgendwo im Haus bellt ein Hund. Ich hole tief Luft und warte darauf, dass jemand hinter dem Milchglas auftaucht. Ich werbe um Stimmen für das Referendum. Die irischen Wähler werden entscheiden, ob Artikel 40.3.3 – der sogenannte Achte Zusatz – aus der Verfassung gestrichen werden soll. An dieser Tür wird mir gesagt, man werde mit Ja stimmen. Das einzige definitive Nein höre ich von einer jungen Frau, die Abtreibung für Mord hält.

»Selbst, wenn das Leben der Mutter in Gefahr ist?«, hake ich nach.

»Gott ist gut. Er wird darüber entscheiden«, antwortet sie.

Ich danke ihr, dass sie sich Zeit genommen hat, und gehe weiter. Die Nein-Stimmen sind entmutigend, vor allem, wenn sie von Frauen kommen. Die überwältigende Mehrheit an diesem Abend will mit Ja stimmen, aber niemand von uns hält das Ergebnis am 25. Mai für sicher.

✶

1992 wurden die Nachrichten von der Geschichte eines vierzehnjährigen schwangeren Mädchens aus Dublin beherrscht. Dass ein Kind ein Kind bekam, war beängstigend und verstörend genug – ungeachtet der entsetzlichen Tatsache, dass die Schwangerschaft die Folge einer Vergewaltigung war. Ein über vierzig Jahre alter Bekannter der Familie hatte das Mädchen jahrelang sexuell missbraucht. Ich dachte viel an dieses Mädchen und versuchte, es mir vorzustellen: Hatte sie lange oder kurze Haare, ein Haustier? Mochte sie Musik? Hatte sie Sommersprossen? Sie war zweifelsohne noch klein, aber das schützte sie nicht. Im Angesicht einer unaussprechlichen Situation hatten sie und ihre Eltern sich für einen Abbruch entschieden – aber wir waren im traditionellen, reaktionären katholischen Irland. Die Vergewaltigung wurde angezeigt, und nach einer Beratung bezüglich eines Vaterschaftstests informierte die Familie die Beratungsstelle über den Wunsch des Mädchens, in Großbritannien eine Abtreibung durchführen zu lassen. Als sie abreisten, wandte sich die Polizei an den Generalstaatsanwalt, der auf Basis des Achten Verfassungszusatzes eine einstweilige Verfügung aussprach. Die Rechtsanwälte des Mädchens legten beim Obersten Gerichtshof Einspruch ein, während das Mädchen, das bereits in London war, seinen Eltern sagte, sie wolle sich das Leben nehmen. Das Gericht hob die einstweilige Verfügung schließlich auf und erlaubte die Abtreibung, aber der Stress und das Trauma der vorausgehenden Wochen war für das Mädchen zu viel gewesen. Sie erlitt eine Fehlgeburt.

Später im selben Jahr wurde eine Volksabstimmung über drei weitere Zusätze zur Verfassung durchgeführt. Ich war gerade achtzehn geworden, und dies war meine erste Chance, mich am demokratischen Prozess zu beteiligen. Die Erfahrung war dreidimensional. Es gab Gerichte, öffentliche Gebäude, Hämmer, Stimmzettelkisten und einen schwarzen Zettel in einer weißen Kiste. Menschen liefen mit Plakaten herum, auf denen tote Föten abgebildet waren. Samstags sammelten sie in der Fußgängerzone Unterschriften und hatten wieder die Plakate dabei. Die Bilder darauf erinnerten an winzige Seepferdchen. Fragmente des Lebens. Die Bilder sind gewollt aufdringlich und düster – tintenschwarze Augen in rosa Fleisch. Doch was war mit der Vierzehnjährigen? Sie war keine eineinhalb Jahrzehnte älter als der Fötus. Ich dachte nur an sie: an ihre Angst, die entsetzliche Situation und daran, wie sie zum Schweigen gebracht wurde. Wie es sein musste, zeitgleich als sexualisierte Erwachsene und als Kind behandelt zu werden und von der Gnade des Justizsystems abhängig zu sein. Wie ein System seine jüngsten Bürger so brutal behandeln und verraten konnte. Und genau das ist der Unterschied zwischen dem Mädchen und den Zellen, die es in sich trug. Ihr Status als Person. Als Bürgerin.

Irland verachtet seine Mädchen. Der Staat kann sich gegen das aussprechen, was eine Familie/eine Frau/ein Mädchen als das für sie selbst Beste erachtet, und er tut es auch. Ein geborenes Mädchen hat nicht mehr Rechte als ein Fötus. Innerhalb dieses fortbestehenden Patriarchats herrscht der Glauben, dass – selbst in Fällen wie diesem – Frauen und Mädchen, die schwanger werden, irgendwie zu diesem Ergebnis beigetragen hätten. Dass sie es selbst zu verantworten hätten. Sympathie gibt es nur für das, was außerhalb des Frauenkörpers nicht überleben kann.

*

Es ist Mai 2018, eine Woche vor dem Referendum. Alle sind des Themas müde, aber auch besorgt. Dublin ist nervös. Ich habe den Vorsitz bei einer Literaturkonferenz im County Longford. Die Stadt wird von Nein-Plakaten beherrscht. Die zwei Ja-Poster, die ich gesehen habe, wurden unkenntlich gemacht. Fast alle denken ständig an die Volksabstimmung. Keine Frau, die ich kenne, kann noch schlafen. Manche bekennen sich zu plötzlichen Weinkrämpfen. Eine Verwandte gibt zu, dass ihre Familie mit Nein stimmen wird, und es fühlt sich an wie Verrat. Wir telefonieren lange, und am Ende des Gesprächs sagen sie, sie hätten ihre Meinung geändert. Eine befreundete Autorin bekommt im Zug die Unterhaltung einer Gruppe Männer um die zwanzig mit. Einer sagt großspurig, er wolle »denen das nicht geben« und gibt zu verstehen, Frauen, die ihre Körper kontrollieren wollen, seien dreist und verlangten zu viel. Doch es gibt auch andere Männer, die freundlich und mitfühlend sind. Sie helfen beim Werben um die Ja-Stimmen, stehen uns zur Seite und erkennen, worum es hier geht. Wir wollen alle, dass der 26. Mai endlich kommt und Irland endlich eingesteht, dass sich die Gesetze ändern müssen.

*

2012 starb die einunddreißigjährige Savita Halappanavar in Galway an Komplikationen, die nach einer septischen Fehlgeburt entstanden waren. Die tragischen Einzelheiten schockierten alle: Sie war noch so jung, und alles ging so schnell. Als sie um eine Abtreibung bat, die ihr Leben gerettet hätte, sagte ihr eine Hebamme, das sei unmöglich, denn »dies [sei] ein katholisches Land«. Ihr Tod war grausam und vermeidbar. Er war auch ein

Wendepunkt, der viele, die das Recht auf Abtreibung zuvor nicht befürwortet hatten, zum Umdenken brachte. Er führte zu Protesten und mobilisierte Tausende, sich für eine Verfassungsreform einzusetzen. 2018 trägt jeder Savitas Namen auf den Lippen. Ihre Eltern flehen das Land an, mit Ja zu stimmen.

✶

Als das Referendum näher rückt, kommen weitere Probleme des Gesundheitssystems ans Licht. Eines betrifft Frauen, die im Rahmen des nationalen Programms CervicalCheck Routineabstriche hatten vornehmen lassen. Man glaubt, dass über zweihundert Frauen ein falsch-negativer Befund mitgeteilt wurde und siebzehn von ihnen in der Folge gestorben seien. Wie können wir davon ausgehen, dass Frauenkörper nicht politisch sind? Eine Woche nach der Volksabstimmung lädt der irische Präsident Michael D. Higgins ganze Busladungen von Frauen in seinen Amtssitz Áras an Uachtaráin ein. Diese Frauen haben die Magdalenenheime überlebt. Sie wurden vom Staat und den kirchlichen Orden eingesperrt, mussten Zwangsarbeit leisten und wurden verachtet, weil sie schwanger waren, als »Gefallene« galten oder ihnen ein häufiger Partnerwechsel unterstellt wurde. Die Geschichte der Unterwerfung irischer Frauen ist lang und kompliziert; sie reicht in die Vergangenheit und in die Gegenwart und beeinflusste auch das Referendum von 2018 sehr stark.

✶

Als 2013 der Protection of Life During Pregnancy Act (Gesetz zum Schutz des Lebens während der Schwangerschaft) verabschiedet wurde, sah ich der Abstimmung im Dáil zu, dem Unterhaus des irischen Parlaments. Das Gesetz erlaubte eine Abtreibung, wenn die Schwangerschaft das Leben der Frau gefährdete, auch durch ein erhöhtes Selbstmordrisiko. Doch es beinhaltete auch strenge Bedingungen zur Durchführung des Abbruchs. Auf dem Weg nach Leinster House kam ich an einer großen Gruppe Abtreibungsgegner vorbei. Erstaunlicherweise waren viele davon Teenagerinnen und junge Frauen – dieselben Mädchen, die vielleicht schon bald mit klopfendem Herzen auf einen Schwangerschaftstest blicken würden. Wenn sie glühende, absolute Katholikinnen sind – Enthaltsamkeit bis zur Hochzeit, keine Verhütung –, was täten sie selbst, falls sie ungeplant schwanger würden, aus welchem Grund auch immer? Nach dem Referendum denke ich an diese Mädchen, die in ihren »Abtreibung beendet einen Herzschlag«-Shirts vor den Regierungsgebäuden protestierten. Fänden sie den Gedanken an eine Abtreibung immer noch entsetzlich? Würden sie eine ungewollte Schwangerschaft pflichtbewusst austragen, obwohl sich die Gesetze geändert haben? Sie vertreten Gruppierungen, die immer argumentiert haben, Gott und Moral begründeten die zwangsweise Geburt eines neuen Menschen. Das Problem wird nie ausschließlich im Hinblick auf das Gesundheitssystem betrachtet. Wenn organisierte Abtreibungsgegner über Schwangerschaft und Föten sprechen, konzentriert sich die Diskussion auf das Ungeborene, nicht auf die Gesundheit der Frau. Ihr Körper ist zweitrangig.

Außerdem wird stets historisch argumentiert: Irland sei früher ganz anders gewesen – obwohl der Achte Verfassungszusatz erst vor einem Vierteljahrhundert eingeführt wurde, was nicht gerade besonders lange her ist. Davor und danach kam es zu Ereignissen wie dem Tod der Teenagerin Ann Lovett, die unter der Geburt in einer Höhle starb; der Entlassung der Lehrerin Eileen Flynn, weil sie unverheiratet schwanger wurde, und der Anklage gegen Joanne Hayes wegen Mordes an ihrem totgeborenen Kind (unter anderem, weil auch sie unverheiratet war). Um diese Angst vor Frauen zu zementieren und Frauen weiterhin zu beherrschen, enthält unsere Verfassung noch immer den Artikel 41.2.1., der die Rolle der Frau im Haushalt festlegt: »Der Staat erkennt an, dass die Frau, indem sie ihr Leben im Hause verbringt, ihn in einer Weise unterstützt, die für das Gemeinwohl unabdinglich ist.« Und »Es ist die Aufgabe des Staates, alles zu tun, damit Mütter nicht aufgrund wirtschaftlicher Erfordernisse außer Haus arbeiten müssen und dadurch ihre häuslichen Pflichten vernachlässigen.« (Ein Referendum über die Entfernung dieser Artikel ist im Gespräch.) Man kann der Geschichte vorwerfen, dass sie kumulativ agiert, aber es wird allgemein angenommen, dass sie sich in Richtung Fortschritt bewegt, in Richtung demokratischerer Ziele und gesellschaftlich liberalerer Ideen, die üblicherweise das Leben der Frauen erleichtern. Irland hat sich verändert und verändert sich noch immer, aber diese Tatsache nivelliert nicht die Verletzungen und Traumata, die Frauen zugefügt wurden.

Im Frühling 2018 fahre ich meine Kinder zur Schule. Sie fragen nach den Nein-Plakaten, die überall hängen, und wollen wissen, warum die Leute über die Ermordung von Babys sprechen. Meine Kinder sind so jung, dass sie noch nicht gefragt haben, woher Babys eigentlich kommen. Sie hätten diese verstörenden Bilder nicht sehen sollen. Die Unterhaltung ist schwierig, aber ich will andere auch nicht herabsetzen. Ich erkläre, dass die Poster Lügen verbreiten und wie traurig und schwierig die Situation für Frauen ist. Ich erkläre, dass es bei dieser Abstimmung um ein Recht und um Gesundheit geht, nicht darum, Entscheidungen für andere zu treffen. Meine Tochter bastelt ein Schild, das sie in ein zur Straße gerichtetes Fenster unseres Hauses hängt: Wenn du mit Nein stimmst, geh weg! Bei einer Familienveranstaltung im Park sieht mein Sohn einen Mann, der Nein-Aufkleber verteilt. Er sagt dem, er solle lieber mit Ja stimmen. Meine Kinder, die einst Föten auf Ultraschallbildern waren, haben nun Meinungen und Fragen. Obwohl das Thema komplex ist, hören sie zu und verstehen es.

Über die Frage der Abtreibung gab es in Irland schon viele Gerichtsprozesse. X, C, D, später D, A, B, Y, NP. Wir haben Frauen zu Buchstaben gemacht. Es geschah, um ihre Privatsphäre zu wahren – vor allem, weil einige von ihnen minderjährig waren. Aber es ist auch ein Akt der Auslöschung. Frauen wurden zu Buchstaben gemacht und dadurch anonymisiert. Die Wünsche dieser Frauen waren leichter zu negieren, wenn man ihre Lebenswirklichkeit auf bloße Buchstaben reduzierte. X, C und Miss D waren minderjährige Vergewaltigungsopfer, und ihre Aussagen wurden per Video eingespielt. D war mit einem

Fötus schwanger, der eine tödliche Anomalie hatte. Ms Y war eine Asylsuchende, die in ihrem Heimatland vergewaltigt worden war. Als ihr die Abtreibung verweigert wurde, weil ihre Schwangerschaft angeblich zu weit fortgeschritten war, trat sie in den Hungerstreik. Das Baby wurde im Alter von fünfundzwanzig Wochen per erzwungenem Kaiserschnitt auf die Welt geholt. Die Frau, die später einen Prozess wegen Übergriffigkeit, Vernachlässigung und Körperverletzung anstrengte, wurde als Inkubator benutzt. NP, schwanger und Mutter kleiner Kinder, erlitt eine schwere Nervenschädigung und wurde gegen den Wunsch ihrer Familie künstlich am Leben erhalten. Das Krankenhaus fürchtete, gegen die Verfassung zu handeln, und sah sich gezwungen, die Frau bis zur Geburt am Leben zu erhalten. Eltern und Partner der Frau widersprachen. Die Presse berichtete detailliert über den Fall, verstörende Details über den körperlichen Zustand der Frau eingeschlossen. Frauen, die ihre Schwangerschaft nicht akzeptieren wollten oder konnten, wurden als groteske Inkubatoren behandelt – wie in einer Art »Report der Magd«, aus dem es für die irischen Frauen keinen Ausweg zu geben schien. Wer in Irland über den Körper spricht oder schreibt, muss diesem Diebstahl der Autonomie die Stirn bieten, muss untersuchen, wer ihn regelt, wer sich das Recht darauf herausnimmt und warum es keine vergleichbaren Gesetze gibt, die Männer betreffen.

✶

Zwei Tage nach meiner ersten Wahlwerbung ging ich zu einer regulären Untersuchung in die onkologische Abteilung eines großen Krankenhauses in Dublin. Ich wollte sicherstellen, dass meine Leukämie nicht zurückgekehrt war.

Ich saß dem Arzt gegenüber und fragte, ob er sich an das Missgeschick mit der Verhütung während meiner Behandlung erinnere. Zu den Nebenwirkungen des Medikaments, das ich damals nahm, zählte eine mögliche schwere Schädigung des Fötus. Mein Arzt, ein netter, kluger Mann, der mehr Wärme ausstrahlt als die meisten Ärzte, die ich kenne, hatte mir damals besorgt zugehört und mir die Pille danach verschrieben. Nun fragte ich, ob er noch wisse, was er damals zu mir sagte, als ich krank und ängstlich fragte, was im Fall einer ungewollten Schwangerschaft geschehen würde.

Fünfzehn Jahre später erinnerte er sich glasklar an jedes einzelne Wort: »Dann hätten wir uns unterhalten.« Ob es an der Komplexität meines Falls liegt oder daran, dass er diese »Unterhaltung« mit so vielen Patientinnen hatte?

Ich weiß, dass die Gesetze damals unumgänglich waren. Dass für eine Krebspatientin die Gesundung – und nicht die Schwangerschaft – Priorität hat. Durch die Gesetze waren ihm die Hände gebunden, obwohl wir beide wussten, dass eine Schwangerschaft für meine Gesundheit nur marginal schlimmer wäre als der Tod. Ich will nicht zu lange darüber nachdenken, was in diesem Fall passiert wäre. Ob mein Gesundheitszustand die Reise nach London oder Liverpool erlaubt hätte. Oder ob mir die Justiz die Reise untersagt und meine Behandlung beendet hätte, um den Fötus zu schützen – mit tödlichen Folgen für mich.

*

Bei Reproduktionsmedizin geht es um Autonomie, Handlungsfähigkeit, Entscheidungsfreiheit und darum, gehört zu werden. Es geht auch um Geld, soziale Schicht, Zugang zu entsprechenden Möglichkeiten und Privilegien. Die dringlichsten Ziele für die Zukunft sollten Gleichberechtigung, Respekt, Entscheidungsfreiheit in Fortpflanzungsfragen und gleiche Bezahlung sein. Die bisherigen Veränderungen wurden hart erkämpft. Sie wurden erreicht, weil Frauen sich äußerten, protestierten, marschierten, Lobbyarbeit leisteten und ihr Anliegen öffentlich machten. Weil sie ihre Geschichten aus dem privaten in den öffentlichen Raum verlagerten. Am Tag des Referendums gehe ich in Begleitung meiner Kinder zum Wahlbüro und denke an diese Frauen. Es ist heiß, die Sonne scheint gütig, und ich versuche, das nicht als gutes Vorzeichen zu betrachten. Ich fotografiere meine Tochter vor dem Schild des Wahlbüros. Ihr Körper hat sich bereits leicht verändert. Ich will diesen Moment festhalten in der Hoffnung, dass dies der letzte Tag ist, an dem sie über ihre Fortpflanzung nicht selbst bestimmen kann. Die Sonne lässt ihre Haare leuchten. Ich sehe, dass ihr Leben in vieler Hinsicht anders sein wird. Sie nimmt meine Hand. Gemeinsam betreten wir den kühlen Wahlraum, um die Zukunft zu verändern.

ZWEITE MUTTER

Sie sagen, es habe mit Blackouts angefangen. Sie fiel wie ein gefällter Baum auf einer Lichtung. Es geschah mehrmals, vor den Geschäften, in deren Nähe sie wohnt. Die Menschen hier kennen sie. Wann immer es passiert, laufen sie zum Haus meines Bruders und hämmern gegen seine Tür.

»Sie ist gestürzt.«

Und da liegt ihr kleiner Körper, ausgestreckt auf dem Boden. In ihrem Einkaufstrolley finden wir Kekse. Zu Hause steht noch der Teller mit dem Abendessen vom Vortag. Das Gemüse vertrocknet, während wir auf den Rettungswagen warten.

Zum Glück ist es draußen passiert. Wäre sie zu Hause gewesen, hätte es unter der Dusche oder auf der Treppe geschehen können. Sie hätte unentdeckt neben ihrem Bett liegen können. Aber eigentlich war das kein glücklicher Zufall. Sie hat alles richtig gemacht: bis ins Rentenalter gearbeitet, ein Buch nach dem anderen verschlungen und im Schein der Nachttischlampe Kreuzworträtsel gelöst. Die Statistik hat sie eingelullt, und so saß sie ganz brav und verstand nicht, was geschah. Erinnerungen lösten sich von den Teilen ihres Bewusstseins, die manchmal noch die Uhrzeit wissen oder ein berühmtes Gesicht in der Zeitung erkennen. Die neurologischen Bahnen zwischen ihren Augen und ihrem Gehirn sind überwuchert.

Die Blackouts waren nicht der Anfang. Das wussten wir. In ihrem Gehirn herrschte eine andere Art Schwärze, die mit Gesprächen anfing, die sich im Kreis drehten. Sie stellte nur noch wenige Fragen, nur so viele, dass es gerade noch höflich war. Wenn sie an den Wochenenden bei uns am Küchentisch saß, spürte ich, dass sie sich von uns entfernte. Sie war nur noch ein Überbleibsel ihrer selbst. Meine Kinder reagieren stets geduldig, wenn sie fragt: »Warst du heute in der Schule?«, auch wenn es das sechste Mal in einer halben Stunde an einem Samstag ist.

*

Keine Tante ist wie Terry. Das sagen meine anderen Tanten oft und ohne Verachtung. Sie alle sehen das Gute in ihr. Wenn ich von ihr erzähle, bezeichne ich sie oft als meine zweite Mutter. Sie ist auch meine Patentante. Mein zweiter Vorname ist ihr Name, und ich habe auch meiner Tochter diesen zweiten Vornamen gegeben.

Terry tat alles, was man mit Kindern machen soll, die einen vergöttern: Sie buk, kochte, malte und bastelte mit mir. Sie ertrug meine merkwürdigen Modephasen und schenkte mir sorgsam ausgewählte Kleidung und Accessoires. Sie schenkte mir meine ersten Bücher: in Lederimitat gebundene, gekürzte Versionen der Klassiker. Später durchforsteten wir gemeinsam Antiquariate nach Ausgaben von Agatha Christie oder Ngaio Marsh. Ich sage das nicht leichthin: Sie ist der Grund, warum ich Leserin und Schriftstellerin geworden bin. Ständig ermutigte sie mich sanft, mich mit Worten und Texten zu beschäftigen. Diese Schuld kann ich nie zurückzahlen.

Der erste Eindruck täuscht: Sie war klein, aber stark. Sie trägt Schuhe von Scholl in Größe 35 und transparente Halstücher. Wenn sie ausgeht, bevorzugt sie Wickelkleider und High Heels, wodurch sie etwas größer wirkt. Hellrosa Lippenstift und etwas Puder auf den Sommersprossen. Sie trinkt immer Weißwein oder Wodka mit 7Up. Oder trank. Ich komme gerade mit dem Tempus in Konflikt und versuche, nicht in der Vergangenheitsform über sie zu sprechen. Ihre Kleider sind weggepackt. Jetzt trägt sie Fleece und Hausschuhe. Ihre Haare sind länger als je zuvor; ihre Augen glasig vom Alter.

Als sie zum vierten, fünften, vielleicht sechsten Mal auf der Straße stürzte, wurde sie ins Krankenhaus gebracht. Das irische Gesundheitssystem brauchte ihr Bett aber bald für jemand anderen, und sie wurde auf die Demenzstation in einem Gebäude aus Dickens' Zeiten verlegt. Auf der Belegungstafel entdecke ich den Namen eines berühmten Dichters, aber ich sehe ihn nie. Die Menschen verschwinden hier in sich selbst, in den mit Säulen geschmückten Abteilungen und dunklen Fluren.

Meiner Tante gegenüber sitzt eine Dame, die immer wieder in lautes Schreien ausbricht. Sie zischt mir ins Ohr: »Sprich nicht mit ihr! Sie will allen von deinen Angelegenheiten erzählen!« Eine andere Patientin trägt immer eine Puppe mit sich herum und streichelt ihr übers Haar. Ihr Mann sitzt auf der Bettkante. Diese Frauen haben Kinder, haben ihre Leben gelebt und Dinge erreicht und würden sich selbst so nicht wiedererkennen.

Mehr als vor dem Sterben fürchte ich mich davor, meinen Verstand zu verlieren. Lieber würde ich von einem Hai angegriffen, aus großer Höhe stürzen und abgestochen werden, ehe ich meinen Verstand entführen und durch Wolken ersetzen ließe. Ich bekäme lieber noch einmal Krebs als unheilbare Demenz. Lieber würde ich das Gift der Chemotherapie in meinen Adern ertragen, als dass meine Familie mir dabei zusehen müsste, wie meine Persönlichkeit, mein Gedächtnis, mein Ich unerreichbar auf dem Meeresgrund versinken. Tief unten in der Dunkelheit, unter all dem Wasser. Löchrige Erinnerungen, die sich langsam auflösen. *Wohin bist du gegangen?*

Bevor die Krankheit sie uns wegnahm, hatte sie ereignisreiche Jahrzehnte erlebt. In den 1950er-Jahren öffneten die Fabriken in Crumlin ihre Türen für Mädchen wie Terry, die der Arbeiterklasse entstammten und mit vierzehn Jahren die Schule verließen. Kosmetikproduzenten, Süßwarenfabrikanten und Kleiderhersteller, bei denen junge Mädchen reihenweise über Nähmaschinen gebeugt saßen. Terry arbeitete für alle. Ihr Vater nahm mit anderen irischen Emigranten die Fähre nach Holyhead und war jahrelang fort. Als sie Anfang zwanzig war, starb ihre Mutter. Mein Vater war damals erst elf Jahre alt. Als einziges Mädchen in der Familie fiel es ihr zu, alle zu versorgen – obwohl sie in Vollzeit arbeitete und ein eigenes Leben hatte.

Generationen von Frauen wurden einfach qua Geschlecht zu Matriarchinnen erklärt, selbst wenn sie nie Kinder bekommen hatten. Auch Terry wurde eine Art Mutterschaft aufgezwungen, indem sie sich um jüngere

Geschwister und ältere Verwandte kümmern musste. Als Frau fiel ihr die Fürsorge zu; sie machte die Wäsche und bezog die Betten, stritt mit den Behörden über medizinische Versorgung und chauffierte Familienmitglieder zu Terminen ins Krankenhaus. Im Leben dieser Frauen musste etwas anderes zurücktreten. Das Leben musste heruntergefahren werden. Aber was sollten sie aufgeben? Die Liebe, die Kunst oder die Unabhängigkeit?

Frauen verlieren im Alter eher das Gedächtnis als Männer. Laut einem Arzt, den ich befragt habe, verwenden die meisten Menschen die Begriffe »Demenz« und »Alzheimer« gegeneinander austauschbar, aber Alzheimer macht nur fünfzig bis fünfundsiebzig Prozent aller Demenzfälle aus. »Genauer als fünfundzwanzig Prozent kann man es nicht beziffern«, sagt er. Die Krankheit ist schwer zu diagnostizieren.

Auf die Frage, warum Frauen häufiger betroffen sind, gibt es keine definitive Antwort. Forscher der Universität Stanford glauben, dass das Vorliegen des ApoE4-Gens das Risiko für Frauen erhöht, weil es mit Östrogen interagiert. Das ist eine Art hormonelle Tatsache. Weitere einleuchtende Faktoren sind Alter und Lebenserwartung: Frauen leben länger als Männer und bekommen Alzheimer.

Eine Krankenpflegerin erzählt mir von einem weiteren geschlechtsspezifischen Faktor. Frauen übernehmen meist die Pflege der Verwandten, bis sie es nicht mehr schaffen. Männer, vor allem die der heutigen älteren Generation, wurden nicht zur Fürsorge oder zum Kochen erzogen. Sie wissen nicht, wie sie sich um ihre Frauen kümmern sollen, also schicken sie sie ins Altersheim, sobald die Krankheit fortschreitet.

Wie merken wir, wenn es beginnt? Wie unterscheiden wir, ob es Demenz ist oder jemand einfach nur vergessen hat, warum er die Treppe hochgegangen ist? Erklären wir jemanden für an Alzheimer erkrankt, nachdem er ein berühmtes Gesicht vergessen hat *(Wie heißt der noch?)*. Es ist eine Grauzone, aber irgendwann haben unsere Neuronen Schwierigkeiten, sich wieder zu sammeln. Der Cortex und der Hippocampus verändern sich unwiederbringlich. Dem Gedächtnisschwund wohnt bereits der Tod inne. Mit jeder Zelle vergeht auch ein Teil der Vergangenheit. Wo die Zellen verschwinden, schrumpft der Cortex. Die Bereiche dazwischen weiten sich aus. Im Meer des Gedächtnisses entstehen Inseln. Ein Archipel des früheren Selbst.

Terry hat nie geheiratet und so lange ich lebe nie Partner gehabt. Ich glaube, sie war mit dieser Situation zufrieden, aber sicher bin ich mir nicht. Sie entsprach nicht den Karikaturen, die unsere Gesellschaft von Frauen wie ihr zeichnet: die alte Jungfer, die stets Außenseiterin bleibt. Ihre Freundinnen waren ihr Leben. Gemeinsam unternahmen sie Pilgerreisen nach Knock, die von der Kirche vor Ort organisiert wurden. Auf der Rückfahrt saßen sie kichernd im Bus und nippten an Fläschchen, die für Weihwasser gedacht, von ihnen aber mit Wodka befüllt worden waren. Sie arbeitete für einen großen Alkoholproduzenten, und in ihrem Haus gab es immer etwas zu trinken, auch wenn sie den Alkohol erst spät für sich entdeckte. Als Jugendliche besuchte ich sie regelmäßig. Manchmal saßen wir gemeinsam am Kamin oder im Garten und tranken Wein. Bei diesen Gelegenheiten forschte ich nach ihrer Lebensgeschichte und stellte vorsichtige Fragen. Es gab ein paar Männer, nichts Festes, aber »die gingen mir immer auf die Nerven«, lachte sie. Unsere Nähe war angenehm, wir urteilten nicht übereinander, und im Lauf der Unterhaltung wurde klar, dass sie noch nie mit jemandem körperliche Erfahrungen gemacht hatte. Ich nahm alles auf. Wir kamen nie dazu, darüber zu sprechen, ob sie es bereute. Wenn ich heute daran denke, kann ich ihre Einsamkeit wie einen Stich spüren.

Sie hat wenige, aber enge Freunde und ist immer von Familienmitgliedern umgeben. In jeder Gesellschaft bleibt sie stets sie selbst. Ironisch, weise, lustig. Sie ist stark, autark und fordert nichts von anderen. Die Zugehörigkeit zu ihrer sozialen Schicht oder der damals allumfassende Katholizismus mögen ihr auferlegt haben, nicht zu viel zu verlangen. Manchmal sprach sie mit einer vornehmen Stimme – meist ehrerbietig, wenn sie es mit wirklich vornehmen Leuten zu tun hatte.

Früher lachte sie häufig, sie kreischte vor Freude, aber heute kommt das nur noch selten vor. Über einen Witz lachen bedeutet, ihn zu verstehen. Es setzt einen Moment der Erkenntnis voraus: Ich weiß, was du gemeint hast. Nach ihrem Aufenthalt auf der Demenzstation ersetzte sie das Lesen durch Fernsehen. Eines Nachmittags lief mit großer Lautstärke eine Sendung über das Angeln. Ich fragte sie nach einer Reise nach Rimini, die sie mit ihrer besten Freundin unternommen hatte. Sie erzählte von

Sonnenbrand, Limoncello-Schlürfen und Avancen von Männern. Während sie diese Geschichte erzählte, stellte ich mir vor, wie sie à la Audrey Hepburn, mit Sonnenbrille und Kopftuch, eine Küstenstraße entlangfährt. Ich wünschte, ich hätte sie damals gekannt, als sie jünger war und zu Hause so viel Verantwortung trug, aber ein paar Tage lang an der italienischen Küste davon befreit war.

Wir laden sie jede Woche zum Essen ein, und langsam verlassen sie die Worte. Sie werden zu einem selten gebrauchten Werkzeug, mit dem sie nicht besonders geschickt umgehen kann. Früher hatten wir angeregte Gespräche und Diskussionen, aber jetzt scheinen die Worte knapp außerhalb ihrer Reichweite zu schweben. Sie kann sie nicht mehr einfangen, und sie aneinanderzureihen bereitet ihr so große Mühe, dass sie während der Vor- und Hauptspeise und manchmal sogar bis zum Dessert kein einziges Wort sagt. Ihre Freundschaften bleiben bis auf ein oder zwei auf der Strecke. Sie weigert sich, zu verreisen oder Familienfeiern zu besuchen. Sie geht nicht mehr in die Kirche und verpasst die Beerdigung eines befreundeten Nachbarn. Das Selbst, das sie kannte, entfernt sich von ihr, und sie beginnt, ihr eigenes Leben zu vernachlässigen. Ich muss an eine Zeile aus *Lolly Willowes* denken: »Wenn man älter wird, ist es am besten, sich vom Besitz loszusagen, die Blätter abzuwerfen wie ein Baum und fast gänzlich zu Erde zu werden, ehe man stirbt.«

Die Angst vor der Auslöschung wohnt uns allen inne. Vielleicht sehen wir das Auto nicht, wenn wir auf die Straße treten, oder spüren zunächst nicht, wie die Kugel die Haut durchschlägt, aber wir wissen, dass etwas geschehen ist. Wir wissen, dass Blut fließen wird. Das Grausame an Alzheimer ist, dass es sich unbemerkt anschleicht. Meistens bleiben wir wir selbst, wenn wir sterben, selbst wenn es ein langsamer, von Morphium begleiteter, qualvoller Tod ist. Aber diese Krankheit verändert nur das Innere. Der Körper ähnelt eher einem Aquarium als einem Gefängnis. Die Besucher, die Menschen, die man liebt, blicken hinein und betrachten die gekidnappte Version unseres Geistes. Man selbst blickt nach draußen, und die Welt sieht ganz anders aus, verzerrt wie durch Wasser und die dicke, undurchdringliche Glaswand. Das Ich von heute und das Ich von früher sind durch die Glasscheibe getrennt.

Irgendwann müssen wir uns verzweifelt eingestehen, dass Terry rund um die Uhr Pflege braucht. Meine Eltern suchen nach einem Pflegeheim in der Nähe. Sie finden ein sauberes, gemütliches Heim mit freundlichem Personal und Garten. Als sie aus dem Krankenaus dorthin gebracht wird, weigert sie sich zunächst hineinzugehen. Sie schreit vor dem Gebäude herum und macht meinem entsetzten Vater Vorwürfe. Meine Eltern haben so viel für sie getan, werden aber selbst älter. Sie können sie nicht bei sich aufnehmen.

In den ersten Wochen bleibt sie für sich und verlässt nur selten ihr Zimmer. Sie teilt es mit einer Frau, die nie wach ist. Das einzige Geräusch stammt von der Pumpe, die ihre Matratze aufpumpt. Die Luft breitet sich unter ihren schwachen Gliedmaßen aus. An der Wand hängt ein Foto von mir bei der Verleihung eines Literaturpreises. An einem Wintertag, als es draußen schon dunkel ist, deutet sie auf das Bild und sagt zu meiner Tochter: »Schau! Da ist…« Und obwohl ich direkt neben ihr sitze, ist mein Name für sie ein Rätsel. Eine zusammengefallene Düne, Tausende Sandkörner, die durch das Loch in ihrem Gedächtnis rieseln.

Das Haus, in dem sie aufwuchs, steht in einem Arbeiterviertel und wurde in den 1930er-Jahren erbaut. Die Gärten sind lange Rechtecke. Während ich aufwuchs, wuchs auch der Garten, und die Bäume werfen nun lange Schatten auf den Rasen. Ich sehe sie mit Handschuhen und Gartenschere hantieren: Ständig pflanzte und säte sie und rupfte verrottete Blumen aus. Ich sehe gelbe Löwenmäulchen und seidige Teerosen und violette Kapkörbchen, deren Kelche sich bei Sonnenuntergang schließen. Im Sommer ist die Luft schwer vom Duft der rosa- und mauvefarbenen Wicken (das Wort mauve erinnert mich sofort an Terry). Der Lavendel blüht nur zwei Monate im Jahr. Pflaumenbäume wachsen eng nebeneinander wie umgedrehte Rippen. An den Ästen hängen zwei selbst gebaute Schaukeln. Wir schaukelten so hoch es ging, umklammerten die Seile und lernten, unsere Beine beim Rückschwung nach hinten zu klappen, um zu beschleunigen. Hier verbrachte sie ihre schönsten Stunden, zähmte die Heckenkirschen mit Schnüren und kämpfte mit einem unnachgiebigen Schmetterlingsstrauch.

Im Sommer sitzen wir im Garten des Pflegeheims, und sie erzählt mir verschwörerisch von einer Geheimtür in der Wand. Beim ersten Mal bin ich neugierig, aber dort ist nur ein Waschraum, in dem es nach Dampf und parfümiertem Waschmittel riecht. Ich frage nach den Blumen in den Beeten, aber sie erinnert sich längst nicht mehr an die Namen. Immer, wenn wir an ihnen vorbeigehen, behauptet sie, mein Vater habe sie gepflanzt (was nicht stimmt).

Inzwischen kenne ich die Tricks, mit denen sie ihre Gedächtnisschwierigkeiten überspielen will. Manchmal tut sie, als höre sie nicht – »Was?« –, und gewinnt auf diese Weise Zeit, über die Frage nachzudenken. Meistens zuckt sie einfach die Schultern, als sei es ihr egal, aber sie sieht dabei traurig aus. Sie kämpft. Sie spricht nie über das, was geschieht, aber mir ist klar, dass sie Bescheid weiß. Als es ihr einmal besonders schwerfällt, eine Geschichte zu erzählen, hält sie inne und stottert: »Manchmal … finde ich einfach … keine Worte.«

Wir fragen Menschen nicht oft nach ihren Geschichten, nach den kleinen und großen freudigen Ereignissen und nach dem, was sie bereuen. Nicht, ehe es zu spät ist und wir bei einer Totenwache Whiskey aus einem Wasserglas trinken. Sie ist noch hier, und ich weiß nicht, wie ich sie fragen soll: *Bist du je verliebt gewesen?* Jetzt, da ihr Gehirn schon mit »Soll ich den Fernseher leiser stellen?« Schwierigkeiten hat, erscheint diese Frage zu groß, zu aufdringlich.

Meine Tochter bastelt Türschilder für Terry. Eines erklärt sie zur besten Tante der Welt. Sie sind Besitzanzeigen, wie Flaggen auf Berggipfeln, aber ihre wichtigste Funktion auf diesem engen, geraden, nach Bleiche riechenden Flur ist, dass sie weiß, welches ihr Zimmer ist. Es gibt hier viele Aktivitäten – Kunst, Basteln, Veranstaltungen –, aber sie will sich nicht beteiligen. Früher hat sie gemalt, und ich erinnere mich, dass im Wohnzimmer ein gerahmtes Meerbild hing, als ich klein war. Als sie in Rente ging, kaufte ich ihr neue Pinsel, Farbtuben und kleine Leinwände, weil ich hoffte, dass sie wieder mit dem Malen beginnen würde. Mein Vater fand die Sachen ungeöffnet im Schrank, während er für ihren Umzug ins Heim packte.

Wenn ich sie heute besuche, meine ich, dass sie mich gerade noch erkennt, aber es wird von Mal zu Mal weniger. Einmal sehe ich, wie sie mit einer anderen Patientin lacht. Sie hakt sich bei mir unter, wir gehen in ihr Zimmer, und ich frage sie nach ihrer neuen Freundin. Sie sieht nicht aus, als wolle sie nicht darüber reden. Aber sie hat den heiteren Moment bereits vergessen und weiß nicht, wie die Dame heißt. Dass frische Ereignisse sofort ausgelöscht werden, ist neu.

Aber es könnte schlimmer sein, das höre ich von anderen. Freunde, die sich um Eltern kümmern, sind genauso resigniert. Eine Frau wird immer an der Bushaltestelle aufgelesen, weil sie ihre Geschwister besuchen will – die alle in England leben. Eine Mutter schlägt ihre erwachsene Tochter, weil sie sie für die neue Freundin ihres Ehemanns hält. Ein Mann, der nie im Krieg war, erzählt von den Schützengräben. Terry zieht sich einfach nur still zurück und hat das Gefühl, dass irgendetwas nicht stimmt.

Im Frühling beginnt mit dem Geist nun auch ihr Körper zu verfallen. Sie ist inkontinent und hat keinen Appetit mehr. Die Teetasse hält sie gefährlich schief. Ihre Sätze werden noch elliptischer. Sie bringt mich zur Tür, sie geht gebeugt, ihr Arm hängt herab. Den Schwestern fällt es auch auf, und später rufen sie mich an: Nach einem kleinen Schlaganfall liegt Terry im Krankenhaus. Aber sie ist wach, präsent und versucht noch immer, die Worte in die richtige Reihenfolge zu bringen. Ihr freundliches Gesicht, einst voller Geschichten, will jetzt nur noch schlafen.

Eine von uns sitzt in einem Boot, die andere ist an Land. Dieser Tage ist sie so still, dass sie es sein muss, die auf der Klippe steht und hinabblickt. Ich bin die Reisende, die in See sticht. Haus und Garten waren so von ihr erfüllt und sind nun leer. Die Rosenblätter fallen; die Pflaumen hängen im Herbst noch immer überreif an den Ästen. Sie wohnt zwei Kilometer entfernt von ihrem alten Leben, beinahe in gerader Linie von ihrem früheren Haus. Sie ist jetzt im achtzigsten Lebensjahr, sieht nicht mehr die Nachrichten, liest nicht mehr die Bücher auf ihrem Nachttisch, aber lächelt noch immer, wenn sie glaubt, jemand käme herein.

Im April hat sie einen weiteren kleinen Schlaganfall, der ankündigt, was noch kommt: mehr Schlaganfälle, steigender Blutdruck, völliger Sprachverlust. Ihr Leben spielt sich zwischen Pflegeheim und Krankenhaus ab. Sie beginnt, die Nahrung zu verweigern. Ich versuche, sie mit Joghurt und püriertem Reis zu füttern, und sie presst die Lippen zusammen. Eine Hospizschwester legt ihr eine Morphiumpumpe und erzählt ruhig von den Phasen des Sterbens, vom »aktiven« Sterben. Und es ist so weit. Wir wissen jetzt, dass sie uns in wenigen Tagen verlassen wird.

Das Personal baut einen kleinen Altar in ihrem Zimmer auf: eine weiße Statue der Jungfrau Maria, Weihwasser und – aus Sicherheitsgründen – elektrische Kerzen. Zur Säkularisierung füge ich ein Buch und Blumen aus ihrem Garten hinzu: *London Pride* und Kapkörbchen. Für Lavendel ist es noch zu früh, also tropfe ich Lavendelessenz auf ihr Kopfkissen und vermische die Essenz mit Handcreme, um sie ihr auf die Haut zu streichen.

Am Wochenende atmet sie zunehmend schwerer aus der Tiefe ihrer Lungen: Ein rasselndes Geräusch, dann bis zu fünfundzwanzig Sekunden Stille. Ich betrachte ihren reglosen Brustkorb, den schwächer werdenden Puls an ihrem Hals. Die Schwestern sagen, dass sie noch hören kann. Ich lese ihr *Die Uhr war Zeuge* von Agatha Christie vor. Manchmal kommt jemand vom Pflegepersonal vorbei, überprüft ihren Zustand, bietet Tee an. In Bezug auf ihre Größe war sie immer selbstkritisch gewesen, und jetzt, unter den Decken, sieht sie noch kleiner aus.

Der Tod hat einen einzigartigen Geruch nach Endgültigkeit und Abgestandenheit. Er erinnert an ein ungelüftetes Haus oder den Abstellraum unter der Treppe. Nie kam mir ihr Zimmer so klein vor. Ich warte so lange. Die Zeit ist statisch und kriecht doch voran. Gemessen wird sie an ihrem schwächer werdenden Atem. Sonntag nach Mitternacht ist er so laut wie ein starkes Schnarchen. Ihr Kampf mit dem eigenen Körper ist schwer zu ertragen. Mein Vater und ich sitzen neben den künstlichen Kerzen. Sie erhält mehr Morphium. Ihr Puls wird langsamer, ihre Haut kühlt ab. Ehe ich in jener letzten Nacht das Pflegeheim verlasse, küsse ich ihre Hände. Du warst so wichtig, sage ich ihr. Du wurdest so geliebt.

Terry stirbt in den Morgenstunden des 1. Mai, der auch als May Day oder Beltane bekannt ist. Manchmal wird er Lá Buidhe Bealtaine genannt, »der strahlend gelbe Tag«. Am May Day wird der Sommeranfang mit gelben Blumen gefeiert, weil sie wie Feuer aussehen. Sie werden an Türen und Fenstern angebracht und sollen Glück bringen. Auf Terrys Sarg legen wir gelbe Lilien, Pinsel, Bücher und das gerahmte Schwarz-Weiß-Foto von ihr und ihrer besten Freundin in 60er-Jahre-Minikleidern und Sonnenbrillen. Damals war ihr Leben noch voller Möglichkeiten, sorglos und neugierig auf die Welt. Beltane liegt zwischen Frühlingstagundnachtgleiche und Sommersonnenwende. Im Kalender ist es der Gegenpart von Samhain, jenem Fest, das für das Ende, die dunklen Monate und die Ernte steht, während der Vorabend von Allerheiligen die Überschneidung der Welten der Lebenden und der Toten markiert. Die Demenz verortete Terry auf halbem Weg zwischen ihrem jetzigen Ich und der Person, die wir kannten und liebten.

Neununddreißig Jahre zuvor starb, ebenfalls am 1. Mai, die Schriftstellerin Sylvia Townsend Warner. Mit Lolly Willowes schenkte sie der Literatur eine ihrer im angloeuropäischen Sprachraum berühmtesten Frauenfiguren. Eine Frau, die gängige Vorstellungen von den Möglichkeiten einer alleinstehenden Frau sprengte. Eine Frau, die ihre Unabhängigkeit genoss und Trost in der Natur fand. Und eine Figur, die uns alle zu der Frage zwingt, was ein selbstbestimmtes gutes Leben ist? Wie Terry ihr Leben lebte – vital, echt und als die, die sie war –, beeinflusste meine Brüder und mich sehr stark. Wir waren nicht mit ihr blutsverwandt – was eine längere, komplizierte Geschichte ist –, aber für uns war sie Teil unserer DNA. Ihre Haut war unsere, unsere Herzen waren ihres.

Tage, die so düster, so taub und von Schock geprägt sind wie jener Tag, an dem sie starb, erlebe ich selten. Einige Jahre zuvor hatte es so einen Tag gegeben, als ich mit einem Gerinnsel in der Lunge im Krankenhaus lag. Mein Mann war nach stundenlangem Warten gerade gegangen, und Terry war bei mir, als die wirklich schlechte Nachricht kam – die gänzlich unerwartete Diagnose: aggressive Leukämie. Entsetzt und ungläubig sahen wir einander an. Zum ersten und einzigen Mal sah ich sie weinen. »Was soll ich nur ohne dich tun?«, fragte sie schließlich. Und das habe ich mich seit jenem Montag im Mai auch immer wieder gefragt.

Endlich ist es Sommer, und Terrys Garten steht in voller Blüte. An dem Tag, an dem sie achtzig geworden wäre, verteilen wir ihre Asche. Sie fällt auf die Blütenblätter, Rosendornen, auf die Gänseblümchen und den Klee, der sich hier eingenistet hat, seit sie sich nicht mehr um den Rasen kümmern konnte, und auf den violetten Lavendel, der sich sanft im Wind bewegt.

(K)EIN BRIEF AN MEINE TOCHTER

(benannt nach einer Kriegsherrin)

Ich schreibe dir, meine Tochter,
ich lege diese Worte in deine Hände,
damit du verstehst,
wie die Welt sein wird,
Weil du ein Mädchen bist.

Chemie und Biologie
haben sich in deinen Zellen
so verbunden,
dass du manchem
Grund zur Züchtigung bietest.
Dein Körper ist eine Warnung,
ein Gift,
X oder Doppel-X markiert die Stelle.
Die Zielscheibe dessen, was du nicht
Tun, sagen oder sein darfst.

Ich schreibe dir dies, Tochter,
ich könnte es auch
meinem Sohn schreiben,

doch wie Joe Jackson gesungen hat:
It's different for girls.

Dein Mädchensein ist unfair.
Und es bleibt so. Die Welt
wird dich wegstoßen,
und du wirst nach deinem Aussehen beurteilt,
nach deiner Größe und deinem Gesicht,
nach dem Raum, den du einnimmst.
Und danach, ob du dich mit den Dingen abfindest.

Im Sand
gräbst und buddelst du
ein Königreich aus Körnern, deine eigene Architektur,
in den Haaren den Staub alter Steine.
Du musst nicht lächeln,
nur weil jemand dir sagt,
dass du es tun sollst. Oder dir sagt:
Locker machen, Schätzchen.
Hey, ich rede mit dir.
hey, du verklemmte Zicke.

Ändere dich nicht, wenn du nicht willst,
aber Veränderung ist ein Sprung ins Licht.
Chrysalis, probier es.
Mir wird klar, dass Nein kein Wort ist,
das wir zu Mädchen sagen sollten.

Deine Lunge funktionierte
als Letztes,

weil du zu früh geboren wurdest,

aber du singst, singst und singst.
Und wenn jemand deine schiefen Töne belächelt,
die Lieder, die du in die Welt schickst,
dann sing lauter. Sei dreist.

Zieh deinen Porzellanbauch nicht ein,
mit der Haut, glatt wie ein Ei,
wie jene, die ich für dich kochen muss
und von denen du nur das Gelbe isst.

Pflege deine Freundschaften
mit den klugen Jungen und Mädchen,
die strahlen, wenn dein Name genannt wird.

Versuche nicht, beliebt zu sein.
Sorge dich nicht, wenn du ausgegrenzt wirst.

Wirf Ballast ab
und Menschen, die über dich herziehen,
die dein Glück nicht ertragen und
aufgesetzt lächeln, wenn du glücklich bist,
jene Menschen, die Angst haben, das zu tun,
was du eines Tages tun wirst.

Wandere, sei eine Nomadin,
Vagabundin, Herumtreiberin,
umsegele die Weltmeere,
lass dich von den Sternen leiten,
klettere auf Bäume, sprich mit den Vögeln,
erkunde die Pfade.

Säe Samen aus, wohin du auch gehst,
hinterlasse Fußspuren in jeder Stadt,
küsse und lass dich küssen.

Finde deine Schwestern,
die Töchter anderer Mütter,
deine Amazonen und Hexen,
und glaube an Götter und Monster,
wenn du willst.

Schwimme in Seen und Flüssen
und im Ried,
mit dem grünen Rauschen des Wassers
in den Ohren,
tauche in kupferfarbene Bäche.

Erobere die Höhen,
klettere noch höher.
Vor Klippen und Brücken musst du keine Angst haben,
dein Bergatem
kann allem widerstehen.

Nimm den langen Weg.
Kämpf mit der Morgendämmerung.
Und verabschiede die Nacht wie einen Freund.

Züchte Blumen, laufe
zwischen Pollen und Blüten.
Gib dich nie mit Ungewolltem oder Ungeliebtem
zufrieden.

Wenn dich jemand um Hilfe bittet
und die weiße Fahne schwenkt,
wisse, dass du manchmal
zuhören musst,
statt zu sprechen.

Dein Pfauengang,
deine Tigerwirbelsäule,
oh, deine Meerglasaugen.

Wäge ab,
gewichte die Dinge der Welt,
und erahne das Gewicht des Lebens, das du willst.

Hab keine Angst,
fürchte dich nicht.
Beides ist nicht das Gleiche.

Mach dir keine Sorgen darüber, was als Nächstes
geschieht.

Nimm an, dass das Gute überall ist,
bis es nicht mehr so ist,
und sei selbst, auch dann, das Gute.

DANKSAGUNG

Ein Buch ist nicht das Werk einer einzelnen Person. Ich bin den vielen Menschen dankbar, die die Entstehung dieses Buchs begleitet haben.

Ich kann mich glücklich schätzen, bei Picador nicht nur einen, sondern zwei Lektoren zu haben: Den brillanten Paul Baggaley, der sich für dieses Buch einsetzte, sobald er es gelesen hatte, und Kishani Widyaratna für ihre scharfe Intelligenz und die Fürsorge und Aufmerksamkeit, die sie diesem Buch entgegengebracht hat.

Ich danke meinem Agenten Peter Straus, der mich nach der Lektüre von drei meiner Essays aufnahm und mich seitdem uneingeschränkt unterstützt.

Ich danke Cormac Kinsella – nicht jeder hat einen guten Freund als Presseagenten.

Ich danke den Verlegern und Herausgebern, die meine Essays veröffentlicht haben: Melissa Harrison, Kevin Barry und Olivia Smith (Winter Papers), Claire Hennessy,

Eimear Ryan und Laura Jane Cassidy (Banshee), Susan Tomaselli (Gorse), Paul Scraton (Elsewhere) und Maeve Mulrennan, die sich für eine Gruppenausstellung im Galway Arts Centre eine Version von »Panopticon« wünschte. Besonders dankbar bin ich Luke Neima (Granta).

Dem Arts Council danke ich für ein Stipendium, das mir eine Unterbrechung meiner selbstständigen Tätigkeit und die Konzentration auf das Schreiben ermöglichte.

Ich danke dem Tyrone Guthrie Centre in Annaghmakerrig, das verschiedensten Künstlern Ruhe und Raum bietet. Für mich war das lebensnotwendig.

Ich danke den Menschen, die mir mit allen Fragen von Demenz bis DNA geholfen haben, und anderen Wohltätigen: Ronan Kavanagh, Aoife McLysaght, dem Irish Blood Transfusion Service, dem Victoria & Albert Museum, Louise Dredge, Zoë Comyns.

Ich danke den Ärzten Professor Patricia Crowley, Dr. Miriam Carey und Professor Paul Browne und allen aus der Abteilung Hämatologie und aus der Burkitt Unit des St James' Hospital. (Bitte ziehen Sie die Spende von Blut und Blutplättchen in Erwägung.)

Ich danke Anne Enright für ihre Freundschaft, ihren Esprit und ihre Ermutigung.

Dank auch an befreundete Schriftsteller und Schriftstellerinnen, die mir mit Rat, Gesprächen und Trost zur Seite standen: Lucy Caldwell, Patrick deWitt, Elaine Feeney, Sarah Maria Griffin, Elizabeth Rose Murray, Doireann Ní Ghríofa, Liz Nugent, Mark O'Connell, Derek O'Connor, Max Porter und Anakana Schofield.

Besonderer Dank gilt den Autoren und Autorinnen, die meine Texte lasen und mir Mut zusprachen, wenn ich nicht schrieb oder Angst vor dem Schreiben hatte: Colm Keegan, Peter Murphy und June Caldwell.

Extradank an Siobhán Mannion – jede Schriftstellerin wünscht sich so eine Erstleserin.

Ich danke meinen Eltern Maura und Joe für ihre lebenslange Unterstützung, besonders während all der Zeit im Krankenhaus; meinen wundervollen Brüdern Martin und Colin, sowie Claire und Daniel.

Ich danke Neva Elliott, der Schwester, die ich nie hatte, mir aber immer wünschte, und die eine unvergleichliche beste Freundin ist.

Ich danke Iarla und Maebh – meinen kleinen Sternen. Ich bin so glücklich, euch zu haben.

Und ich danke Stephen Shannon, für Liebe, Unterstützung, Ermutigung, Lachen, Musik und mehr, als ich je in Worte fassen kann.

LITERATUR

Anne Carson, »A Wound Gives Off Its Own Light«, aus: *The Beauty of the Husband*

Nick Cave, aus »Into my Arms«, veröffentlicht bei Mute Song Limited, auf *The Boatman's Call*, 1997

Hélène Cixous, aus *The Lough of the Medusa, Signs: Journal of Women in Culture and Society* 1, Nr, 4 (Summer 1976, University of Chicago Press, S. 875-893

F. Scott Fitzgerald, *Bernice schneidet ihr Haar ab: Erzählungen,* München: dtv, 2012

Barbara Hepsworth, aus Sophie Bowness (Hrsg.), *Barbara Hepsworth: Writings and Conversations*, Tate Publishing, 2015. Texte von Barbara Hepsworth © Bowness

Kirstin Hersh, aus »Hips and Makers«, auf *Hips and Makers,* 1994

Maggie Nelson, aus *The Argonauts,* Graywolf Press, 2015, and Melville House, 2016

Emer O'Toole, aus *Girls Will Be Girls: Dressing up, Playing Parts,and Daring to Act Differently,* Orion, 2015

Jo Spence, aus *Cancer Shock*, mit freundlicher Genehmigung der Richard Saltoun Gallery, London

Ocean Voung, aus »Haibun des Einwanderers«, *Nachthimmel mit Austrittswunden*. München: Carl Hanser Verlag, 2020. S. 33

Die Originalausgabe erschien 2019 unter dem Titel
»Constellations« by Picador, London.

Dieses Buch ist auch als E-Book erhältlich.

MIX
Papier aus verantwortungsvollen Quellen
FSC® C083411

Penguin Random House Verlagsgruppe FSC® N001967

1. Auflage
Deutsche Erstausgabe Juni 2021
btb Verlag in der Penguin Random House Verlagsgruppe GmbH,
Neumarkter Straße 28, 81673 München

Covergestaltung: semper smile, München
nach einem Entwurf von Pan Macmillan
Covermotiv: Quagga Media UG/AKG Images/
Ekaterina Beskova/Shutterstock
Druck und Einband: CPI books GmbH, Leck
MK · Herstellung: sc
Printed in Germany
ISBN 978-3-442-77082-3

www.btb-verlag.de
www.facebookcom/btbverlag